Imagínate la última experiencia de adoración:
¿Cómo será?

Sumérgete en el río de Dios

Una visión para la adoración congregacional

Bob Sorge

La misión de Editorial Vida es proporcionar los recursos necesarios a fin de alcanzar a las personas para Jesucristo y ayudarlas a crecer en su fe.

Miami, Florida

Publicado en inglés bajo el título:
Following the River
por Oasis House

Traducción y edición: *Gisela Sawin*
Adaptación de diseño interior: *Good Idea Productions Inc.*
Adaptación de cubierta: *Grupo Nivel Uno, Inc.*

ISBN: 0-8297- 4359-6

Categoría: Vida cristiana

Impreso en Estados Unidos de América
Printed in the United States of America

05 06 07 08 09 ❖ 9 8 7 6 5 4 3 2 1

Este libro es una rara combinación de consejos prácticos y discernimiento espiritual sobre un tema del que pensamos que sabemos pero solo estamos comenzando a descubrir: El río de Dios. Luego de tres décadas de una «revolución de adoración» en nuestras iglesias, necesitamos desesperadamente que el río de la adoración fluya libremente en medio de nosotros y nos libere de cantar con sequedad y falta de compromiso. Este libro lo retará, ya sea que adore desde la plataforma o desde la congregación, para dar un paso más allá de sus zonas de comodidad y dirigirse al interior del río.

Marco Barrientos, salmista, Dallas, Texas.

Para sostener la adoración durante las veinticuatro horas del día, no hay como este libro. Es una palabra sin tiempo... una clara imagen profética de lo que puede llegar a ser la adoración congregacional si realmente nos entregamos a Dios por medio del Espíritu Santo. Este libro enfrenta proféticamente a algunas de nuestras tradiciones pero nos deja con una clara visión para el destino poderoso que se nos otorga en la adoración congregacional.

Mike Bickle, autor y maestro, www.fotb.com

Práctico, inspirador, delicioso, condenatorio... me reí y luego lloré cuando leí este libro. Bob inspirará a los adoradores y a los líderes hacia una dimensión más elevada de la adoración, que es espiritual y más como en el cielo que como en la tierra. Los líderes de adoración y sus equipos deben leer este libro.

LaMar Boschman, decano, WorshipInstitute.com

Se sentirá liberado de todo temor relacionado con el fluir del río de la presencia de Dios. Solo los capítulos 5 y 8 harían un gran libro. Esta es una lectura equilibrada que genera un deseo de adoración íntima.

Morris Chapman, salmista, Las Vegas, Nevada.

Bob convoca a todos los adoradores a una experiencia más profunda de vida con Dios. Su enorme sinceridad no sólo me convirtió en líder de adoración, sino que también me desafió a permanecer convencido de que hay aguas más profundas para explorar y más riesgos que correr.

Rita Springer, salmista, Houston, Texas.

Una vez más, Bob nos convoca a un sitio más profundo. No satisfecho con experiencias superficiales que tratan de pasar por verdadera espiritualidad, él nos llama a evaluar nuestra vida de adoración y a adentrarnos con valor en las profundidades de todo lo que está disponible para nosotros en Dios. Su corazón se verá impactado por este desafiante libro, y creo que el Señor lo usará para continuar levantando una generación con el corazón de David que tiene apetito por una sola cosa: ¡la presencia del Señor!

Robert Stearns, Eagles Wings Ministries, Nueva York.

Los escritos de Bob han bendecido a miles y dirigieron a los líderes de adoración a nuevas profundidades de conocimiento y experiencia. Agregue «Sumérgete en el río» a una experiencia profunda y amplia de verdadera adoración.

Robert Webber, Profesor Myers de Ministerio,
Director de maestría en adoración y espiritualidad,
Northern Seminary.

Contenido

Capítulo Uno

Pasión por el río

«Luego el ángel me mostró un río de agua de vida, claro como el cristal, que salía del trono de Dios y del Cordero, y corría por el centro de la calle principal de la ciudad. A cada lado del río estaba el árbol de la vida, que produce doce cosechas al año, una por mes; y las hojas del árbol son para la salud de las naciones» (Apocalipsis 22:1-2).

Recuerdo vívidamente el mejor trago de agua que bebí jamás. El hecho sucedió durante mi niñez, al dar fuertes pisadas que me distancian de la costa del Pacífico de Columbia Británica, Canadá. No muy distante en horas de manejo hacia el interior del continente durante un lindo día, un grupo de nuestra iglesia fue a una expedición con la intención de subir las montañas que parecían torres de la zona. (La cadena de la costa de Columbia Británica tiene muchas montañas con cumbres nevadas durante todo el año.)

A poco de andar, habíamos dejado la calidez de la primavera detrás y estábamos conduciendo por caminos de tala llenos de troncos hacia la nieve. Había llegado el momento de estacionar los automóviles y recorrer el resto a pie. Nos encontramos con especies de pájaros que nunca había visto antes, eran tan amigables que comían de nuestras manos. Un gran glaciar alpino se erigía majestuosamente frente a nosotros, con árboles flacuchos abriéndose valientemente paso en el hielo para atrapar el calor del sol de la primavera. Observamos nerviosamente mientras un sistema de nieve se movía por la cara de la pared de la montaña alta por encima de nosotros, amenazando el cielo. Este no nos alcanzaría... posteriormente por la tarde otro frente ingresaría y nos haría replegar hacia los vehículos.

Luego de caminar durante un rato en el seco aire de la montaña, una sed inesperada se apoderó repentinamente de mí. No había llevado ninguna botella de agua. Pero no me preocupé, porque saliendo del pie del glaciar había un arroyo que burbujeaba alegremente a lo largo del camino por el que acabábamos de escalar.

Salté al arroyo cerca de su fuente, encontré un modo de agacharme en las aguas corrientes y di un sorbo profundo. Me sorprendí por la sensación. No solo las aguas eran refrescantemente heladas y claras como la montaña, sino que el sabor del agua era una experiencia nueva para mí. Nunca había bebido algo así, nunca antes, nunca después. Una vez que di un sorbo, me sentí obligado a hundirme y tomar otro. Y otro más.

Cuando finalmente ya no pude beber más, me descubrí desilusionado por que había colmado mi capacidad. Las aguas eran tan deliciosamente refrescantes que deseaba tener espacio para un sorbo más. Después de todo, hemos sido creados para tener sed, y nada sacia más la sed que el agua, el agua glacial alpina. Agua fría, burbujeante, pura, con solo el contenido mineral suficiente para darle su propia firma.

Si el pensamiento del agua de montaña nos hace sentir sed, ¡imagine cómo será el «agua de vida»! Un día beberemos de un arroyo aún mejor, del río de vida que procede del trono y del Cordero. «Hay un río cuyas corrientes alegran la ciudad de Dios, la santa habitación del Altísimo» (Salmos 46:4). Es un río verdadero y ciertamente beberemos de él. Creo que mi primer sorbo de ese arroyo celestial será un tipo de sorbo que detendrá mi aliento, que me hará tragarlo lo más rápido que pueda, y me hará desear respirar rápidamente y bajar la cabeza para beber más.

¡Hemos sido creados para este río celestial! ¡Es nuestro destino! Hemos sido conformados de tal manera que solamente el río de Dios satisfará las profundas ansias del espíritu humano. David nos aseguró que Dios quiere satisfacer esas ansias profundas del espíritu humano, diciendo: «Se sacian de la abundancia de tu casa; les das a beber de tu río de deleites» (Salmos 36:8). Los placeres del río de Dios son nuestro dominio.

No hay que esperar

No experimentaremos la plenitud del río hasta que no hayamos pasado del otro lado. Sin embargo, las Escrituras ponen en claro que podemos beber del río de Dios ahora, aquí, en esta vida, aunque solo en alguna medida. No tenemos que esperar a beber hasta que hayamos pasado al estado glorificado.

Jesús dijo que este río fluiría dentro de nosotros, a través de nosotros y desde nosotros hacia los demás. «De aquel que cree en mí, como dice la Escritura, brotarán ríos de agua viva» (Juan 7:38). Este glorioso río del Espíritu está disponible para cada uno de nosotros, y cuanto mayor sea nuestra sed, mayor será nuestra participación en este río (ver Mateo 5:6).

¡Podemos beber de este río ahora! Su fuente es Dios. Daniel lo vio como un «torrente de fuego» que se extendía delante de él (Daniel 7:10). Este torrente ardiente de agua viviente corre directamente dentro del corazón de los hombres y las mujeres redimidos como tú y yo, encendiendo nuestro corazón con pasiones santas por el hermoso Hijo de Dios. Mientras observamos la majestad y la gloria de su rostro, este torrente de agua viviente fluye «desde» nuestro corazón y regresa a Dios en la forma de una adoración santa y desmedida. En el proceso, las aguas nos salpicarán y tocarán muchas almas sedientas que ansían el mismo río y sin embargo ni siquiera lo conocen.

Dios nos ha creado con un apetito que solo puede satisfacerse por el río de Dios. Junto con el salmista, clamamos: «Cual ciervo jadeante en busca del agua, así te busca, oh Dios, todo mi ser» (Salmos 42:1). ¿Estás sediento? Si lo estás, oro porque este libro te haga sentir aun más sediento.

> «El Espíritu y la novia dicen: "¡Ven!"; y el que escuche diga: "¡Ven!" El que tenga sed, venga; y el que quiera, tome gratuitamente del agua de la vida» (Apocalipsis 22:17).

Ojalá estemos tan desesperados por este río que nos dispongamos a hacer lo que fuera para encontrarlo, permanecer en él y señalar el camino para los demás.

Este es un libro sobre adoración, específicamente sobre adoración congregacional. Hay un río para ser encontrado en la adoración que satisface al alma sedienta. He considerado seriamente la pregunta: «¿A dónde nos lleva Dios en nuestra adoración?» Nadie cuestionaría que hemos experimentado un renacimiento en la adoración en años recientes. Y sin embargo, ¿a dónde se dirige todo eso? Este libro es un intento inicial de responder esa pregunta. Cada capítulo revelará otra capa de la visión. Cuando hayamos terminado, oro porque tengas una pasión ardiente por el poderoso potencial de la adoración congregacional.

Capítulo Dos

Aguas profundas para nadar

A Ezequiel se le mostró el río de Dios en lo que tal vez sea la descripción más gráfica de este río en toda la Biblia. Al observar el río que Ezequiel vio, me gustaría que lo consideráramos como el río de la adoración congregacional. Esta no es la única forma de interpretar este pasaje, pero por cierto es una interpretación válida.

Hay un río que fluye en la adoración congregacional. Deriva del propio trono de Dios, y sacia la sed de su pueblo. La visión de Ezequiel de este río fue en verdad visionaria en cuanto a que no se trató de una imaginación fantasiosa de lo que podría ser sino que fue una revelación de lo que por cierto será. Este río está viniendo, y lo sostengo, en mi generación. Acompáñame mientras observamos este río de adoración congregacional.

> «El hombre me trajo de vuelta a la entrada del templo, y vi que brotaba agua por debajo del umbral, en dirección al oriente, que es hacia donde da la fachada del templo. El agua corría por la parte baja del lado derecho del templo, al sur del altar. Luego el hombre me sacó por la puerta del norte, y me hizo dar la vuelta por fuera, hasta la puerta exterior que mira hacia el oriente; y vi que las aguas fluían del lado sur» (Ezequiel 47:1-2).

Esta agua que corría por el lado derecho del templo nos recuerda al agua que fluía del costado de Cristo cuando fue horadado por el soldado (Juan 19:34). Esa herida en el costado de Cristo abrió el canal para un río de vida que fluyó desde el corazón quebrantado de Jesús a un mundo desesperadamente sediento. El río de Dios encuentra su origen en el Cordero crucificado. Por ese motivo es que, cuando nos centramos en el Cordero, con frecuencia nos hallamos fluyendo en las aguas más profundas de la adoración. Nada abre los afectos de una Novia desesperada de amor más que cuando ella observa, por fe, a su Amado traspasado en la cruz. Aquí es dónde fluye el río.

Ir más profundo

> «El hombre salió hacia el oriente con una cuerda en la mano, midió quinientos metros y me hizo cruzar el agua, la cual me llegaba a los tobillos. Luego midió otros quinientos metros y me hizo cruzar el agua, que ahora me llegaba a las rodillas. Midió otros quinientos metros, y me hizo cruzar el agua, que esta vez me llegaba a la cintura. Midió otros quinientos metros, pero la corriente se había convertido ya en un río que yo no podía cruzar. Había crecido tanto que sólo se podía cruzar a nado» (Ezequiel 47:3-5).

Ezequiel es conducido por el río que aumentaba su profundidad a medida que avanzaba, agregando casi medio kilómetro (mil codos) de distancia cada vez, y las aguas iban desde sus tobillos hasta sus rodillas, luego a su cintura para convertirse «en un río que yo no podía cruzar». Es asombroso que el río crezca en volumen sin ningún afluente que lo alimente. Hay algo acerca del río que se retroalimenta, haciendo que crezca de un chorro delgado hasta una inundación en poco más de un kilómetro y medio. A Ezequiel se le demuestra cómo podemos progresar desde la parte más baja del río hasta sus mayores profundidades, una progresión que puede experimentarse poderosamente en la adoración congregacional.

Hay un fluir en la adoración congregacional que es tan profundo y convincente que las aguas no pueden cruzarse. Estoy cansado de ver pecadores pasar por el río de nuestros servicios de adoración y llegar al otro lado, en la mayoría de los casos, sin ser tocados. Se van un poco húmedos diciendo: «En esta iglesia tienen buena música». O podrían decir: «Bonito servicio». Me duele el corazón cada vez que oigo estos elogios plásticos de inquisidores, porque me doy cuenta que han experimentado mucho menos entre el pueblo de Dios de aquello que la muerte de Jesús proveyó.

Te diré lo que estoy buscando. Mi corazón clama: «Dios, danos una profundidad tal en el río de Dios en adoración, que la gente se eleve de sus pies en la gloria de este fluir que da vida. ¡Danos servicios de adoración que no puedan ser cruzados!» Estoy en busca de esos momentos en que no importa en qué condición uno ingresó al servicio de adoración, ya sea agnóstico, en una búsqueda, ateo, antagonista, escéptico, hipócrita, creyente, incrédulo, santo, pecador, fanático, lleno del Espíritu Santo o cínico, aburrido, testarudo y de corazón endurecido. Cuando el río de la adoración encuentra este tipo de profundidad en Dios, ¡nadie puede permanecer inmutable! Eleva los pies de todos los que están en la habitación.

No puedo pensar en algo más adecuado para la generación de hoy día que un encuentro con Dios que lo eleve en el río de sus deleites. Un encuentro con Dios Todopoderoso colocará una marca en la juventud para toda la vida, que nunca se olvidará. Cuando los vientos de la tentación o la presión de los pares giren en torno a tu vida, nunca podrás olvidar aquellos momentos en que Dios te visitó en poder y gloria.

Árboles de sanidad

> «Entonces me preguntó: "¿Lo has visto, hijo de hombre?" En seguida me hizo volver a la orilla del río, y al llegar vi que en sus márgenes había muchos árboles. Allí me dijo: "Estas aguas fluyen hacia la región oriental, descienden hasta el Arabá, y van a dar al Mar Muerto. Cuando desembocan en ese mar, las aguas se vuelven dulces. Por donde corra este río, todo ser viviente que en él se mueva vivirá. Habrá peces en abundancia porque el agua de este río transformará el agua salada en agua dulce, y todo lo que se mueva en sus aguas vivirá» (Ezequiel 47:6-9).

Ezequiel no vio los árboles de sanidad hasta que llegó a una profundidad en que debía nadar en el río. Cuando encontramos esta profunda adoración tocamos la dimensión de la gloria de Dios, donde las sanidades y los milagros regresarán a la casa de la oración, exactamente adonde pertenecen (Mateo 21:14).

Cuando este pasaje habla del «mar», es una referencia a lo que llamamos el Mar Muerto o el Mar de la Sal. El Mar Muerto es un lago en Palestina que es alimentado por el río Jordán y que no tiene salida, sino que pierde su humedad por vía de la evaporación únicamente. Puesto que no tiene salida, sus aguas son sumamente saladas, mucho más que el océano, y por lo tanto no tiene ningún tipo de vida acuática. Es un mar muerto. Por eso la descripción de Ezequiel es tan importante. Esta agua lleva sanidad a lugares que han sido nidales de la muerte. Este río sana lo que es cáustico y convierte un lugar de muerte en un lugar de vida abundante.

Muchas de las denominaciones y grupos de comunión de la actualidad tienen iglesias diseminadas a lo largo de sus rangos que son como el Mar Muerto. Donde hubo vida, ahora hay muerte. Ezequiel está haciendo una declaración profética sobre esos huecos de la iglesia que se han vuelto fríos, muertos y salados. Está diciendo: «No es que no puedan recuperarse. Hay algo que renovará su vitalidad espiritual como iglesia, como movimiento. ¡Es el río de Dios que se libera y se concreta en la adoración congregacional!» Estamos viendo cumplirse la profecía de Ezequiel ante nuestros ojos. Hay una onda de renovación que llega a muchas iglesias que parecían estar más allá de la esperanza, y la nueva vida que están hallando se debe específicamente a la adoración congregacional. Encuentran el río en adoración, y dan aliento de vida nueva al formalismo muerto. ¡Es algo asombroso de observar! Y esto irá en aumento.

Esta es la conclusión de la visión de Ezequiel:

> «Junto al río se detendrán los pescadores, desde Engadi hasta Eneglayin, porque allí habrá lugar para secar sus redes. Los peces allí serán tan variados y numerosos como en el mar Mediterráneo. Pero sus pantanos y marismas no tendrán agua dulce, sino que quedarán como salinas. Junto a las orillas del río crecerá toda clase de árboles frutales; sus hojas no se marchitarán, y siempre tendrán frutos. Cada mes

> darán frutos nuevos, porque el agua que los riega sale del templo. Sus frutos servirán de alimento y sus hojas serán medicinales» (Ezequiel 47:10-12).

Nuevamente, vemos muchos peces atraídos a esta agua y también una liberación constante de poderes de sanidad a través de este río. Alguien podría preguntar: «Pero si realmente debemos ingresar en las profundidades del río de Dios en nuestros servicios de adoración congregacional, ¿no espantaríamos a los mismos peces que estamos intentando atrapar?» La forma en que Ezequiel lo vio desarrollarse fue: los peces eran atraídos a la sanidad y la vida que fluía en este río.

Si estás realmente preparado para ingresar en el fluir del río de Dios en adoración congregacional, tal vez espantes algunas de las bestias; pero los verdaderos peces que el Maestro está atrayendo encontrarán que el río es lo que han estado anhelando.

Capítulo Tres

La caza del río

Los mayores deleites del río no se hallarán en la orilla sino en medio de su caudal. Mi amigo, Gary Wiens, cuenta acerca de la vez que algunos amigos lo llevaron a hacer *rafting* en el agua de las montañas de Colorado. él dijo que fue asombroso atravesar los rápidos de etapa cuatro y salir entero. Pero cuando se encontraron con una serie de rápidos de etapa cinco (la etapa más turbulenta en la escala de intensidad), Gary me comentó que era una velocidad incomparable, totalmente fuera de control. Dijo: «Lo único que lo hace funcionar es la presencia de un buen guía».

No debemos temer a las veloces corrientes del glorioso río de Dios. Amados santos, tenemos un buen Guía. El Espíritu Santo es un Guía muy capaz en este río santo de adoración congregacional, y si bien hay peligros potenciales en las aguas más turbulentas, también hay emociones sin parangón. ¡El río es nuestro destino! Pero esto no es automático, debemos buscar este río con todo nuestro corazón.

La perspectiva de Pablo

Pablo tenía una perspectiva contagiosa sobre el poderoso potencial de la adoración congregacional. Cuando lo articuló, no usó la imagen del río de Ezequiel 47, sino que habló del mismo ímpetu espiritual que puede experimentarse cuando el pueblo de Dios se reúne en adoración. Pablo tenía su propia forma de describir qué sucede. él escribió:

> «Pero si uno que no cree o uno que no entiende entra cuando todos están profetizando, se sentirá reprendido y juzgado por todos, y los secretos de su

corazón quedarán al descubierto. Así que se postrará ante Dios y lo adorará, exclamando: "¡Realmente Dios está entre ustedes!"» (1 Corintios 14:24-25).

Cuando el pueblo de Dios adora en Espíritu y en verdad, algo comienza a apoderarse de la reunión. Ezequiel lo denominó río. Pablo se refirió a él como una unción profética («todos están profetizando»), que tiene el poder de sumergir a toda una congregación en el río de la adoración espiritual. Cuando la unción profética explota en un contexto de adoración congregacional, hay cuatro cosas que pueden suceder.

La primera cosa que sucede, de acuerdo a Pablo, es que se revelan los secretos de los que no entienden. El Espíritu Santo los conoce implícitamente y él puede, por medio de sus dones, dar mensajes proféticos a otras personas de la congregación en lugar de hablar directamente a sus vidas (ver 1 Corintios 14). El Espíritu Santo no usa estos dones para avergonzar a la gente revelando detalles vergonzosos de sus vidas. Pablo no está hablando de eso. En cambio, el Espíritu Santo inspirará un mensaje a través de una vasija humana que asombrará al creyente al darse cuenta que Dios lo conoce. Dios lo ve. Dios comprende las profundas ansias de su alma. Dios se interesa por él.

Luego, el versículo dice que el que no cree se postrará sobre su rostro. Puedo imaginar que esto suceda a través del poder de convicción del Espíritu Santo. Cuando la persona que no entiende se da cuenta de cuán íntimamente es conocida y comprendida por Dios, se postrará sobre su rostro en la presencia de la santidad de Dios. ¿Cuál fue la última vez que has tenido a un incrédulo postrado sobre su rostro en uno de tus servicios de adoración? De acuerdo a Pablo, no debería ser algo poco común.

Tercero, dice que «se postrará ante Dios y lo adorará». No dice necesariamente que se convierte o nace de nuevo, porque no tiene que ser un creyente en Jesús para adorar a Dios. Incluso los impíos pueden darle gloria a Dios. Dios puede llevar incluso a los rebeldes a postrarse en sus rodillas en adoración, reconociendo su poder, sabiduría y majestad.

Y finalmente, él dirá: «Realmente Dios está entre ustedes». él se irá de la reunión diciéndole a sus amigos: «Si van a esa iglesia, se encontrarán con Dios. Lo digo en serio. ¡Dios está en ese lugar!» Puede que esté tan aterrorizado que se jure a sí mismo: «Esta es la última vez que paso por las puertas de esa iglesia». Y luego... a la semana siguiente... ¡probablemente regrese! ¿Por qué? Porque una vez que uno ha saboreado la bondad de Dios, no acepta nada menos que eso.

Gracias, Pablo, por darnos una imagen tan gloriosa de hacia dónde puede llevarnos la adoración. Nos hace ansiar encontrar este gran río en Dios.

Advertirás que los criterios de Pablo para un servicio exitoso de adoración no se basaban en lo que los creyentes pensaban cuando se iban de la reunión. La prueba de tornasol del Nuevo Testamento para la adoración congregacional es: ¿Qué dijeron los incrédulos acerca de la reunión cuando se fueron? ¿Salieron testificando la cercanía de Dios en la reunión?

Hacer un sondeo

Una vez que has experimentado este río de placeres divinos en la adoración congregacional, comienzas a desarrollar la capacidad de discernir cuándo una reunión de adoración ha encontrado el río. Te hallará pensando: «Todavía no. No hemos llegado aún. Estamos acercándonos, pero todavía no hemos hallado el río en esta reunión». Y luego en ocasiones te encontrarás pensando: «Ah, ahora estamos llegando a alguna parte. Ahora puedo sentir que las cosas están comenzando a moverse en el reino del Espíritu. Creo que acabamos de dar con el agua. Este es el inicio del río».

En la adoración congregacional, los líderes de adoración están constantemente extendiéndose en su espíritu para discernir cuándo la reunión toca el río de Dios. Lanzarán una canción, y luego buscarán con los dedos de los pies (en sentido metafórico) percibir si han hallado el agua.

«No. No hay agua todavía. Probemos con la próxima canción».

Así que lanzarán la siguiente canción de su lista. Mientras la cantan, siguen buscando el tipo de fluir divino que se apoderará del servicio de adoración. Esto se llama «la caza del río».

«Aún nada. Vaya. Esperemos que la próxima canción produzca algo».

Y así los líderes de la adoración tenderán a pasar por toda su lista de canciones, una después de la otra, con la esperanza de que en algún momento del servicio de adoración, de alguna manera, encuentren el río de Dios. Se esfuerzan por hallar lo que el Espíritu de Dios está deseando inspirar mientras estamos reunidos en el nombre de Cristo. Cuando el río de Dios alcanza un servicio de adoración, nos encontramos impulsados por un ímpetu divino. Dios mismo está energizando nuestra adoración. Intentar sostener un servicio de adoración con medios musicales y fortaleza humana es una de las tareas más cansadoras para un líder. Pero ah, ¡cuando Dios toma la reunión! Cuando eso sucede, liderar la adoración es uno de los gozos más hermosos que Dios puede darle a sus líderes.

Es fundamental que los líderes de adoración desarrollen su discernimiento en cuanto al río de Dios. Hay tres cosas que necesitan cuidar. Cuando un servicio de adoración ha hallado el río, ellos deben saber cuándo nos adentramos en aguas más profundas y también deben aprender a reconocer cuándo nos estamos alejando del río.

Cuando un momento de adoración no encuentra el tipo de fluir que los líderes de adoración desean, es tentador para ellos volverse introspectivos e intentar averiguar qué están haciendo mal. Tenga esto presente: Nuestro trabajo como líderes de adoración es hacer lo mejor que podamos para encontrar el río y permanecer en él. Dios determina la profundidad. En ocasiones él nos conduce a profundidades increíbles, y en otros momentos nos mantiene en la parte superficial. La profundidad del río es soberanamente controlada por la mano de Dios. Luego de buscar el río, debemos contentarnos con la profundidad que Dios elige para cada momento.

He estado en muchos servicios de adoración en los que hemos hallado el río de Dios, pero los líderes de adoración no sabían cómo mantenernos en él. Toda la congregación era conciente de que acabábamos de tocar el agua, y una ola de anticipación pasó por el grupo de congregados. Pero luego comenzamos a ir a las zonas menos profundas, y es como si los líderes no supieran cambiar de rumbo. Así que solo seguimos moviéndonos hacia zonas menos profundas hasta que volvemos nuevamente a la tierra.

A veces he querido elevar una bandera de advertencia desde mi lugar en la congregación. «¡Peligro! Si seguimos en este curso, vamos a abandonar lo que Dios está inspirando en esta reunión. Volvamos a donde la corriente era más fuerte».

Los líderes de adoración deben desarrollar la capacidad de arrojarse a lo profundo de las aguas. Tengo en vista Hechos 27:28-29: «Echaron la sonda y encontraron que el agua tenía unos treinta y siete metros de profundidad. Más adelante volvieron a echar la sonda y encontraron que tenía cerca de veintisiete metros de profundidad. Temiendo que fuéramos a estrellarnos contra las rocas, echaron cuatro anclas por la popa y se pusieron a rogar que amaneciera».

Los que han experimentado navegar en las aguas están conscientes de que cuando hacen un sondeo (para medir cuán profunda es el agua), y la profundidad de las aguas decrece rápidamente, uno corre el riesgo de dar con la tierra.

Mientras navegamos en el río de Dios, es fundamental que los líderes de adoración no solo aprendan a encontrar el río de Dios, sino que aprendan a permanecer en el río de Dios. Se requiere flexibilidad para cambiar el rumbo cuando percibimos que nuestra dirección actual nos está alejando de las aguas más profundas del fluir del Espíritu en adoración.

Capítulo Cuatro

El río frente a la lista de canciones

Un día, mientras me encontraba meditando sobre el río de Dios, de repente me golpeó esta simple idea: Los ríos no siguen líneas rectas.

Sin embargo, las órdenes del servicio sí. Las órdenes del servicio están alineadas en línea recta al punto uno, punto dos, punto tres y demás.

La lista de canciones también sigue líneas rectas, son una lista vertical de temas, uno después del otro. Bum, bum, bum, bajamos por la lista.

En contraposición, el río de Dios no sigue líneas rectas. Sigue un sendero impredecible de giros y cambios. Puede estar en un momento de intimidad cuando repentinamente surge un espíritu de celebración. O tal vez esté exaltando la majestad de Dios cuando el río tomará un giro repentino y lo sumirá en una expresión de guerra espiritual. Los que no han aprendido a responder a los movimientos fluidos del Espíritu se sentirán privados de la emoción de moverse con Dios, al menos hasta el grado en que lo desea su alma.

Diagramas de ríos

Los siguientes diagramas describen diversos tipos de servicios de adoración. La línea curva representa al río de Dios, el río que ansiamos encontrar en la adoración congregacional. Este río es el lugar donde suceden las sanidades, donde un espíritu profético llena el auditorio y donde los pecadores comienzan a bajar las cabezas bajo el poder de la convicción del Espíritu Santo cuando él se está manifestando ante el profundo clamor de sus corazones. Ah, ¡cuánto ansiamos este río!

La línea recta de cada diagrama, con la flecha en el extremo, representa nuestra lista de canciones (puesto que las listas de canciones se mueven en líneas rectas). Usamos estos diagramas para demostrar la relación entre el río que fluye de Dios y las líneas rectas de nuestra preparación para el servicio.

Fig. 1. El servicio de los inexpertos marineros

En el servicio de adoración representado por este diagrama, se advertirá que la lista de canciones se mueve de forma totalmente paralela al río de Dios. En otras palabras, mientras permanezcamos con la lista de canciones, nunca encontraremos el río.

Este es el servicio de adoración más deprimente que alguien pueda soportar. En él, los líderes de adoración intentan buscar el río de Dios y tienen la esperanza puesta en cada canción, pensando que algo va a cambiar. Pero sin importar qué canción saquen de su lista, no llegan a encontrar agua. Sin embargo, tienen tantos deseos de hallar el río que simplemente siguen avanzando con su lista detallada con la esperanza de que finalmente una de las canciones provoque un cambio en la reunión.

No entiendo totalmente por qué en ocasiones Dios nos permite tener este tipo de servicios frustrantes. Tal vez nos esté recordando que el Reino de Dios nunca avanza por fuerza y planificación humana. «No por listas de canciones, ni por orden de servicio, sino por Mi Espíritu, dice el Señor». Tal vez él quiere que tengamos un mal servicio simplemente a modo de contraste, para que cuando encontremos el río podamos apreciarlo. O quizás hay un obstáculo espiritual que debe ser discernido y superado. O tal vez nos está disciplinando al querer que abandonemos nuestra zona de comodidad. Después de todo, da mucha seguridad permanecer dentro de los límites de la lista de canciones que hemos practicado. Pero tal vez él quiere que salgamos del bote de nuestra preparación y comencemos a caminar sobre las aguas de las canciones y las expresiones que no hemos planificado.

Cualquiera sean las razones de Dios, en cada caso en particular, permanece el hecho de que algunos servicios de adoración son áridos desde el inicio hasta el final. Para ser sincero, he soportado mi parte en este tipo de servicios. Siento que ya he cubierto mi cuota para toda la vida. Así que si nunca participo de otro servicio de adoración como este por el resto de mi vida, no lo extrañaría ni un instante.

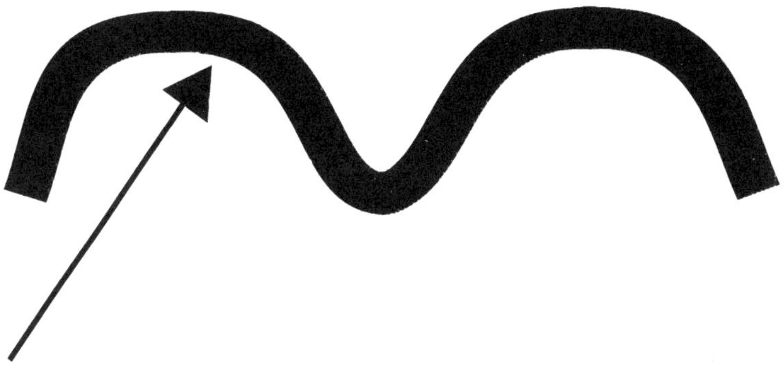

Fig. 2. El servicio abortado

Nuevamente, la línea curva es el río que queremos hallar y la línea recta representa el orden de nuestra lista de canciones. En este servicio, nuestra lista de canciones está llevándonos por el rumbo correcto. Si permanecemos en curso, finalmente tocaremos agua.

Sin embargo, advertirás que el servicio de adoración no llega realmente al río. Eso es porque justo cuando estamos por tocar agua oímos las famosas palabras: «Pueden sentarse»

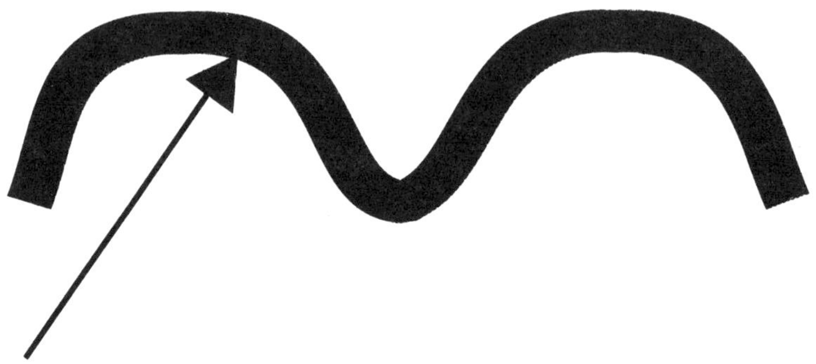

Fig. 3. El servicio «abandonar mientras está avanzado»

En este servicio de adoración, avanzamos por nuestra lista de canciones, esperando seriamente al río. Luego algo comienza a suceder. Sentimos una brisa del Espíritu moviéndose por la habitación. Los corazones expectantes comienzan a mirar al cielo. La presencia de Jesús empieza suavemente a destilarse por el cuarto de un modo en que todos pueden sentirlo. No hay errores aquí; nos hemos encontrado con la presencia del Cristo viviente. Las aguas están comenzando a girar suavemente alrededor de nuestros pies. ¡Hemos encontrado el río de Dios!

¡Para eso nos reunimos! Nos hemos unido en su nombre porque queríamos tocar el río de Dios que cambia la vida, y ahora está sucediendo. Cuán agradecidos le estamos a Dios por este momento.

Luego –muy lentamente, para que no parezca que se interrumpe el clima– uno de los líderes se acerca a un micrófono y salva al servicio de problemas potenciales. Está el temor de que un santo inestable, movido por la frescura de las aguas, pueda tener una expresión de exhuberancia que los demás podrían confundir. Pero el temor aun más grande es: Ahora que hemos tocado el río, si seguimos avanzando con el servicio de adoración, podríamos perder algo que ahora acabamos de encontrar, y terminar el servicio con algo que fuera un anticlímax. Entonces, para evitar cualquier tipo de desilusión, rápida y amablemente terminamos con el servicio de adoración y avanzamos a la siguiente parte de la orden del servicio.

Esta sabiduría dice: «Una vez que hallaron el río, abandonen mientras están avanzando».

Pero yo no puedo evitar responder: «Una vez que encontramos el río, ¿por qué no podemos disfrutarlo por un momento? Ahora que estamos hasta los tobillos, ¿por qué no podemos aventurarnos más adelante en aguas más profundas, hasta nuestras rodillas o nuestra cintura, o tal vez en aguas en las que podamos nadar?» No hemos llegado hasta aquí para darnos un remojón y sentarnos. Hemos llegado hasta este punto para poder beber profundamente del río que «alegra la ciudad de Dios».

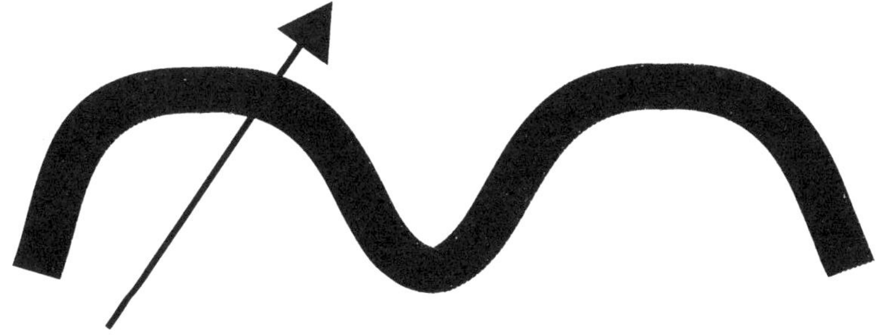

Fig. 4. El servicio de la visión del túnel

En este servicio de adoración avanzamos por nuestra lista de canciones, ¡cuando de repente sucede! ¡Hemos dado con el río! Los rostros miran hacia arriba, las lágrimas empiezan a rodar, los corazones comienzan a elevarse con los vientos del Espíritu.

Pero los líderes de adoración solo avanzan con su lista. Durante un tiempo todos siguen pensando que estamos en el río porque todos están mojados. Pero, ¿adivine qué? Ya no está en el agua, ha vuelto a tierra.

Cuando nos topamos con el río en adoración, el río puede parecer un desvío. El río está fluyendo en una dirección y nuestra lista de canciones está en otra. Los líderes de adoración a veces enfrentan el hecho de tener que tomar una decisión muy extraña. A veces tienen que elegir entre el río y la siguiente canción de la lista.

Seguir la lista de canciones es como permanecer en el bote: Es seguro, predecible y seco. Ir con el río es como caminar sobre el agua: es impredecible, potencialmente peligroso y lleno de incertidumbre. Y seguir el río puede interrumpir las órdenes del servicio. En ocasiones pagamos un precio para seguir al río. Los líderes con frecuencia tienen que tomar decisiones divididas con respecto a ir con el río o ir con su lista.

Los que han andado con Jesús el tiempo suficiente han aprendido que es más seguro estar en el agua con Jesús que estar en el bote sin él. Pero andar en el agua parece más peligroso.

A veces los líderes de oración miran en dos direcciones. Primero, miran el río de Dios, y a lo que él los está invitando. Luego miran a la gente. Y se preguntan: «¿Está este grupo de santos preparado para salir del bote y caminar con nosotros sobre el agua?» Para decirlo de otro modo: «¿Está esta gente lista para fluir con nosotros e ingresar al río de Dios en este momento?»

A veces, los líderes miran a la congregación y ven que la mitad no está participando, algunos de ellos miran al espacio, otros miran desdichados hacia abajo, mientras que otros verifican el auditorio o le susurran algo a su compañero. Los líderes se dicen a sí mismos: «No. No este grupo. No hoy». Y en lugar de dar un valeroso paso adelante, al territorio desconocido del fluir con el río, regresan a la red de seguridad de su lista de canciones y simplemente siguen adelante con su preparación.

Si los adoradores quieren que sus líderes tengan la entereza de continuar con el río, deben brindarle aliento a los líderes con sus posturas y expresiones, indicando a través de su participación que están listos para ir con el fluir. Cuando los adoradores participan y son proactivos, están enviando señales a los líderes de adoración: «¡Sigan adelante! ¡Estamos preparados! ¡Sean valientes! ¡Sean fuertes! Láncense a lo profundo. No están solos, estamos con ustedes. Veamos a dónde Dios podría llevarnos el día de hoy».

Fig. 5. El servicio del giro en U

Como en el servicio de adoración del Diagrama 3, nosotros avanzamos con nuestra lista, nos topamos con el río de Dios, pero luego seguimos avanzando en forma directa con nuestra lista de canciones. Sin embargo, unos pocos minutos más tarde nos detenemos y nos decimos a nosotros mismos: «¡Oye, no hay agua aquí!» Entonces los líderes de adoración dan un gran giro y se dirigen a encontrar nuevamente el río.

Cuando en un servicio de adoración no te topas con el agua, pero quieres hacerlo, los líderes de adoración tienen dos opciones generales a tu disposición. La opción uno es perseverar, seguir golpeando la puerta, seguir presionando hacia adelante en el curso presente y esperar que finalmente se dé una apertura. La opción dos es detenerse, cambiar el curso y perseguir el río en una dirección o forma diferente. (Por ejemplo, hay momentos en los que no encontrará el río cantando canciones. A veces la clave para el servicio de adoración se hallará a través de una expresión no musical, tal como un llamado al altar, un momento del arrepentimiento, al compartir la Cena del Señor, al esperar en silencio o por medio del sermón, etc.). El Espíritu de Dios conoce cuál de estas dos respuestas es la correcta para dicho momento. Dependemos mucho de su guía.

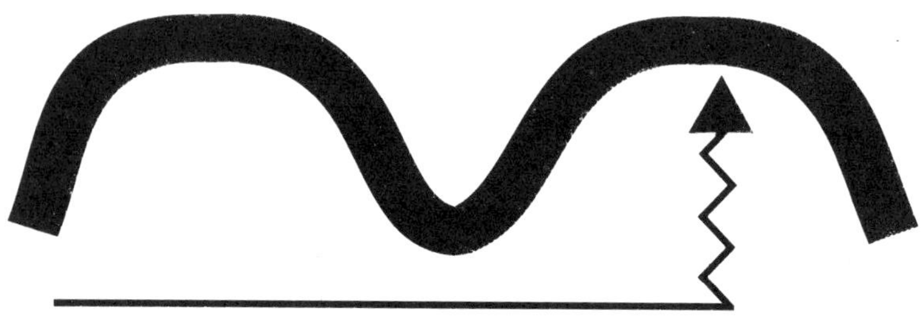

Fig. 6. El servicio carismático estándar

Este diagrama representa la liturgia de muchas iglesias contemporáneas de hoy día. Parece como si alguien hubiera escrito una regla: «No pueden ir a cazar el río hasta que no hayan permanecido veinticinco minutos en un servicio de adoración. Durante los primeros veinticinco minutos, ni siquiera esperen encontrar agua. Sigan su lista de canciones. Luego, después de haber cantado tres canciones rápidas y tres lentas, pueden comenzar a buscar el río».

Estoy formulando una objeción formal a esta costumbre que prevalece en nuestros días. Mi corazón clama: «¿Por qué no podemos ir a la caza del río directamente desde el principio de la reunión?» Sin importar quién haya escrito esa regla de que uno tiene que esperar veinticinco minutos antes de salir del bote, formemos una cuadrilla armada y colguemos a esa persona.

Comencemos con una liturgia nueva. Tengamos la costumbre de ir a cazar el río de Dios inmediatamente desde el inicio de nuestros servicios de adoración. ¿Para qué gastar nuestro tiempo en preliminares cuando podemos perseguir el corazón de Dios desde el comienzo de la primera canción?

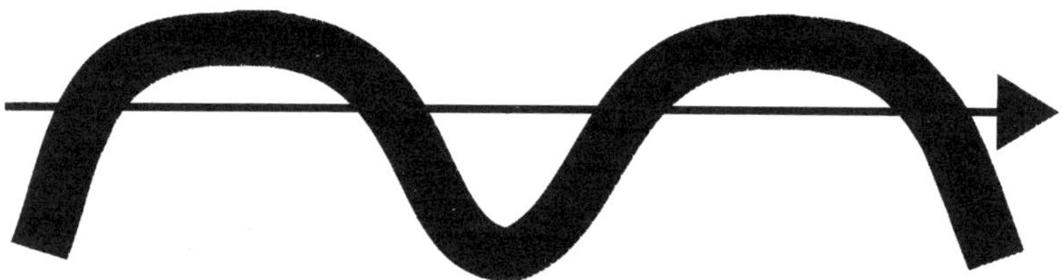

Fig. 7. El servicio «tan cerca que puede saborearlo»

En este servicio estamos en el río, luego salimos del río, después volvemos a entrar, más tarde volvemos a estar en la tierra y luego volvemos al agua de nuevo. Nuestra lista de canciones parece seguir el río tan de cerca que entramos y salimos según avanza el servicio.

Esto es lo que estoy sugiriendo en este capítulo: Hay una incompatibilidad fundamental entre las líneas rectas de nuestra preparación y el fluir del Espíritu. Es imposible permanecer dentro de las líneas rectas de nuestra preparación y esperar el fluir hacia las profundidades del río de la gloria de Dios. Inevitablemente, debemos elegir entre la cómoda seguridad de nuestra lista de canciones y la oculta incertidumbre de seguir el río de Dios. Rara vez podemos tener ambas.

Si pudiera presumir que estoy hablando por todos los adoradores muertos de amor de la tierra, me gustaría decirles a todos los líderes de adoración del planeta: «¡No queremos su lista de canciones, queremos el río!»

Capítulo Cinco

La tensión entre la preparación y la espontaneidad

Antes que todo, quiero aclarar algunas cosas del último capítulo. Alguien podría malinterpretar lo que expreso cuando digo que no estoy de acuerdo con la preparación. Para el caso, soy pro preparación. Soy un gran defensor de la necesidad de un ministerio de adoración que practique, ensaye y se prepare para el contexto de la adoración congregacional. La preparación es esencial. ¡El servicio de adoración del domingo por la mañana no debe usarse para practicar con la gente!

Las Escrituras nos exhortan: «Calzados con la disposición de proclamar el evangelio de la paz» (Efesios 6:15). Se nos dice que calcemos zapatos en nuestros pies. Pero, ¿qué son exactamente esos zapatos? ¿Son los zapatos de la paz? No, son los zapatos de la preparación. Cuando uno está adecuadamente preparado, es como ir a la guerra con los zapatos puestos. ¡Nunca entraría descalzo al campo de batalla! Estar adecuadamente preparado para la adoración es como estar calzado para la batalla.

Así que apoyo firmemente la necesidad de la preparación. Es más, creo en que se debe llevar una lista de canciones a la experiencia de adoración. Los líderes de adoración deberían preparar una lista de antemano, revisarla y ensayarla con todo su equipo de adoración y llevarla a la reunión de adoración. Algunas personas pueden pensar que podemos fluir en la adoración más fácilmente si no tenemos ideas preconcebidas sobre qué rumbo tomará la adoración. Según mi experiencia, este tipo de premeditación con final abierto y ausencia de oración no ayuda a encontrar el río, sino que generalmente nos envía a vagar en un páramo a la deriva.

La preparación de una lista de canciones y el ensayo de las mismas nos equipan para que avancemos con un propósito hacia el río de Dios. De ningún modo nada que figure en este libro debe ser interpretado como un sesgo negativo hacia la importancia central de la preparación. Sin embargo, existe una profunda tensión entre prepararse para un servicio de adoración y luego tener la flexibilidad de fluir espontáneamente con el río de Dios. Yo estoy a favor de ambas.

Equipar el banco de trabajo

Cuando un equipo de adoración practica y domina una nueva canción, están expandiendo su repertorio y entonces pueden recurrir a esa canción cuando lo deseen. Al hacerlo, es como un mecánico experimentado que agrega una herramienta nueva, especializada, a su banco de trabajo. Cada herramienta que incorpora a su colección significa que está mejor equipado para dar servicio a un espectro más amplio de las necesidades de los clientes.

Cada canción nueva aprendida es como una herramienta nueva. Juega un papel único que puede desarrollarse en adoración debido a sus letras en particular y al ánimo distintivo que la canción evoca. Cuanto más amplios sean nuestros estilos musicales y el contenido de las letras, más equipados estamos para fluir con el río de Dios una vez que lo hallamos.

Sin embargo, una vez que entramos en el fluir de la adoración y encontramos el río de Dios, debemos estar preparados para pensar fuera del casillero que hemos preparado. Algunos líderes de adoración insisten en practicar las canciones que ensayaron el jueves por la noche, el domingo a la mañana. En realidad no funciona exactamente así. Déjame ilustrarlo.

Si llevas tu automóvil al taller para un cambio de aceite, y cuando vas más tarde a buscar tu auto descubres que el mecánico en lugar de cambiar el aceite, alineó las llantas, dices: «Yo no necesitaba que se alinearan las llantas. ¡Necesitaba un cambio de aceite!» Entonces el mecánico responde: «Toda la semana nos estuvieron enseñando a alinear llantas, así que eso es lo que practicamos en cada auto que ingresa hoy».

Evidentemente eso es absurdo. Sin embargo, es lo que muchos líderes de adoración hacen los domingos. «Nuestro equipo de adoración practicó esta canción, y trabajó arduamente en ella, nos llevó toda la noche del jueves dominar esta canción, ¡así que la aprenderán! ¡Y les gustará!» No importa si la canción contribuye a encontrar el río; hemos practicado la canción, así que la cantaremos.

Escucha: Solo porque hayas practicado la canción no significa que es la canción adecuada para el servicio del domingo. Llévala a la reunión, prepárala para presentarla, pero luego sostén la canción ligeramente con una mano abierta. Si el Señor comienza a llevar a la congregación en una dirección que tú no previste, debes estar dispuesto a posponer la nueva canción para otro momento. El río de Dios muchas veces nos lleva en direcciones que no esperábamos.

Algunos líderes de adoración tienen un poquito de interés por incluir alguna canción en una reunión. Tal vez sea una canción que ellos mismos han escrito y entonces cantarla puede darle exposición a su ministerio. Los líderes necesitan tener una pasión más grande por el río que por cualquier otra cosa. Si la canción no contribuye a moverse hacia el río más cercano, pospongámosla para otra reunión.

La preparación te faculta a desviarte de tu preparación. La preparación no es limitativa sino liberadora. Tu lista de canciones es como tu bote. Cuando tienes una lista de canciones que ha sido ensayada y está lista para usar, tienes una red de seguridad sobre la que siempre se puede caer. Tener la lista de canciones te da el valor para salir del bote y caminar sobre el agua. Sabes que siempre puedes regresar nadando a tu lista de canciones. Es la preparación la que nos da el valor de ingresar en lo desconocido que representa el río.

Lograr la mezcla correcta

En mi opinión, una buena vacación es la mezcla correcta entre la planificación y la espontaneidad. Algunas personas planifican sus vacaciones hasta cada hora de cada día. Pueden hacer muchas cosas, pero no tienen espacio para el deleite de la espontaneidad. Otras, en cambio, no planean nada para sus vacaciones y con frecuencia terminan haciendo justo eso: Nada. Así que mi visión sobre esto es: Planifica tus vacaciones pero deja flexibilidad en tus planes para cosas impetuosas.

También soy de la opinión de que una buena cita es la mezcla correcta entre la planificación y la espontaneidad. Coloca algo de energía en planificar la cita para que haya un plan estructural de qué van a hacer: Ir a ver una película, una caminata por el parque, un lindo restaurante, lo que sea. Pero deja espacio en tus planes para cambiar la dirección por un capricho y adentrarse en una aventura no prevista. Allí es con frecuencia donde se encuentra el deleite del romance.

Del mismo modo, creo que una buena experiencia de adoración es la mezcla correcta entre la planificación y la espontaneidad. La planificación es fundamental; pero los momentos más elevados de la adoración se encuentran generalmente fluyendo espontáneamente con el río de Dios.

Considera un ejemplo del mundo del jazz. Kansas City, la ciudad donde vivimos, hace varios años creó la reputación de ser un caldo de cultivo del jazz experimental. La sinfónica venía a la ciudad, y después de la función los músicos de la sinfónica se escapaban a Vine Street donde se embarcaban en la aventura de uno de los clubes de jazz de la ciudad. En ese entonces, la banda de jazz podía tener un saxofón, o una trompeta, o algún instrumento como esos en la plataforma, y las personas del público podían subir y tocar con la banda. Cuando los músicos de la sinfónica aparecieron, comenzó el concurso. ¿Quién sacudiría a quién? Comenzaban con una melodía de jazz que tenía un patrón y luego se dejaban llevar por las aguas de la improvisación. La banda intentaba hacer perder y humillar a los ejecutantes capacitados de la sinfónica. Pasar a lo espontáneo en el jazz era caminar sin rumbo, y era maravilloso ver cuán lejos uno podía llegar sin ahogarse.

Inherente al jazz está el entendimiento de que este comienza con un patrón musical bien establecido, pero encuentra su mayor ímpetu cuando se borran los bordes, y los límites de lo que es posible se empujan y se presionan hasta su máxima extensión.

Una vez vi un documental de jazz en la televisión que terminaba con esta frase profunda: «La vida se parece mucho al jazz. Es mejor cuando uno improvisa». Lo mismo se aplica a la adoración. La estructura y la preparación son valiosas, pero la gloria del río de Dios se descubre mejor cuando nos bajamos del bote de nuestra preparación y participamos con el Señor Jesús en las pasiones espontáneas del momento.

Este es mi consejo: Prepara una lista, luego ve a cazar el río.

Más allá de la preparación

La adoración debe trascender la preparación. Si esto no ocurre, todo lo que tenemos es un «servicio de canciones». Un servicio de canciones es una lista de canciones cantadas una tras la otra de manera lineal, hasta que se acaba el tiempo.

«Ah, me encanta esa canción». Así que copiamos y pegamos esa canción en nuestra lista de canciones. «Este nuevo CD de Inglaterra tiene una canción maravillosa». Cortar, pegar. «Esta canción de adoración de Australia es tremenda». Cortar, pegar. «Me encanta el sonido gospel de este nuevo CD que salió en Atlanta». Cortar, pegar. Así que tomamos las expresiones de adoración de una variedad de adoradores de todo el mundo, colocamos las canciones en la lista, las cantamos una después de la otra el domingo por la mañana, y lo llamamos un servicio de adoración. No, ese no es un servicio de adoración; ese es un servicio de canciones.

No es un servicio de adoración hasta que encuentre el río.

Siempre que estés cantando la adoración compuesta por otra persona, es solo otra canción. No se convierte en adoración hasta que sucede algo en las profundidades de tu propio espíritu.

Para tener un servicio de adoración, uno debe trascender las canciones. Para que un servicio de canciones se convierta en un servicio de adoración, debe darse un cambio a nivel espiritual. Se debe cruzar un umbral ante la presencia de Dios. Algo vivo y pulsante debe encontrarse dentro de los corazones del pueblo de Dios. No hay adoración hasta que no nos movamos más allá de las canciones y encontremos a Dios.

Un momento para todo

Viajo a varias iglesias y me sorprendo al ver cuántos equipos de adoración usan los últimos quince minutos antes del servicio para afinar su toque musical sobre las canciones de la reunión. Practicarán su introducción un par de veces más, ajustarán una armonía a tres voces en el coro, o se asegurarán de que el contrabajista está tocando las inversiones correctas en la progresión de cuerdas. Pero solo quiero decirles: «Se están equivocando».

Hemos acordado que todo lo que queremos es el río. Sin embargo, no vamos a encontrarlo teniendo mejores armonías y una línea de bajo más clara. ¿Qué nos llevará al río? «No será por la fuerza ni por ningún poder, sino por mi Espíritu dice el Señor Todopoderoso» (Zacarías 4:6). El río es una cosa de Dios. Ninguna cantidad de práctica provoca el río. Así que la conclusión es que la oración es más importante que la práctica.

Hay un momento para practicar. Separa una noche de la semana para que el equipo de adoración ensaye. Pero cuando está a instantes de iniciar el servicio de adoración, ese es el momento de cavar pozos en el Espíritu. Ese es el momento de buscar en intercesión y pasión. Ese es el momento de sintonizar nuestro corazón con el corazón de Dios. Cuando un equipo de adoración se adueña de la realidad de Juan 15:5: «Separados de mí no pueden ustedes hacer nada», entonces usaremos los momentos libres antes del servicio de adoración para apoyarnos con todo nuestro corazón sobre el Amado. Solo él puede llevarnos al río.

Capítulo Seis

¿Dirigir la adoración o dirigir canciones?

Como mencioné en el capítulo anterior, existe una diferencia entre un servicio de adoración y un servicio de canciones. Es la misma diferencia que hay entre un músico y lo que yo denomino un «copiador».

Músico en contraposición a copiador

Un copiador es una persona que ha aprendido a copiar a los verdaderos músicos. Enseñamos a los niños desde su niñez a ser copiadores. Colocamos la partitura en el atril; luego les enseñamos que cuando vean una determinada nota en la partitura, deberán oprimir una cierta nota en el piano. Ve la nota, toca la nota. Ve la siguiente nota, toca la siguiente nota. Les enseñamos a practicar hasta que pueden transponer todas las notas de la partitura a través de su mente, a través de sus dedos y en el instrumento. Y voilá, ¡ahí suena la música! Suena tan hermosa como cuando el músico original compuso la pieza.

Finalmente estos alumnos se vuelven tan diestros en reproducir las partituras que prontamente los llamamos músicos. Pero no son músicos, son copiadores. Aún no han comenzado a ingresar al proceso de incubación que experimentó el músico original cuando escribió la música por primera vez.

Los copiadores son como los taquígrafos de los tribunales. su trabajo consiste en reproducir con impecable precisión lo que les llega. Los copiadores son también como personas empleadas para almacenar datos. Si uno tiene un trabajo de ingreso de datos, será despedido por ser creativo. Del mismo modo, hemos castigado a los jóvenes que se convertirían en músicos por volverse creativos con su música. Si se desviaban de la música escrita con el más leve indicio de creatividad, les pegábamos en los nudillos. «¡Así no se creó la canción! ¡Toca la música como fue escrita!» Entonces realmente les hemos enseñado a los jóvenes a acallar sus impulsos creativos y aprender a reproducir simplemente lo que está en la hoja.

Los copiadores reproducen a los copiadores. Muchas de nuestras escuelas de música están presididas por copiadores, y ellos, a su vez, les enseñan a otros copiadores. A algunas escuelas de música habría que denominarlas escuelas de mímica.

Recuerdo haber entrevistado una vez a una mujer que vino muy recomendada y con muchos laureles para un trabajo en nuestro programa de música. Tenía el equivalente a un grado doctoral en música. Me quedé impresionado por su pericia en el piano.

—Solo toque una canción de adoración, cualquier canción que desee —le pedí.

—¿Qué canción? —me respondió.

—Usted elige.

—Bueno, deme una partitura —pidió inmediatamente.

—No, ninguna partitura. Solo toque algo. Solo haga música —respondí.

—Deme una partitura —suplicó mientras me miraba con ojos de pánico.

—No —le dije.

—No quiero que toque notas, quiero que cree música aquí en este momento.

Se puso pálida y comenzó a tocar el teclado como una oveja perdida. Me sentí tan mal por ella. Había sido entrenada para ser una gran copiadora, pero nadie le había ayudado a hacer la transición para convertirse en música.

Considero que esto es una farsa. Hay jóvenes que van a las escuelas de música y gastan miles de dólares, solo para ser capacitados en ser copiadores por otros copiadores capacitados. Los llamamos músicos porque saben cómo reproducir los mismos sonidos que creó el músico compositor.

Un copiador trabaja desde la cabeza; un músico trabaja desde el corazón. Para un músico, la música empieza en las entrañas, en la región intestinal. La música comienza como un sentimiento, un estado de ánimo, una emoción, un fuego. Un músico siente su música. Le pone emoción a las notas. Su música comienza como una agitación del alma, se extiende por su mente, se proyecta a través de sus dedos y sale del instrumento con un alma propia. Es una transmisión de pasión del medio del corazón al medio del arte. Para un músico, es como dar a luz un bebé. Cuando la música se manifiesta, es una extensión de su propia alma. Por eso los músicos toman las críticas a su música de manera tan personal; si critica su música, ellos consideran que los están criticando a ellos.

Servicio de canciones o servicio de adoración

Ahora toma el ejemplo anterior –la distinción entre un músico y un copiador– y mírala como la diferencia entre un servicio de adoración y un servicio de canciones. Así como un copiador reproduce analíticamente la música de otra persona, un servicio de canciones es una replica de las canciones de adoración de otras personas, cantadas una después de otra. Y así como un músico toma música de una caldera creativa interna, un servicio de adoración encuentra su ímpetu en un horno interior de amor que arde en el corazón del pueblo de Dios y que se alimenta del altar en el cielo.

Un servicio de canciones mantiene atraída la mente de todos; un servicio de adoración atrae los corazones. Un servicio de adoración tiene vida propia. Es un encuentro corazón a corazón, espíritu a espíritu con Dios. Algo poderoso comienza a formarse en la matriz procreativa de la adoración congregacional. Produce una experiencia de adoración con una identidad clara y un impulso temático. Hay un trabajo y un dar a luz. Algo comienza a agitarse en las partes internas (Salmos 51:6). Lo profundo llama a lo profundo (Salmos 42:7). El espíritu dentro del hombre empieza a responder a las iniciativas del Espíritu Santo, mientras él nos corteja y nos atrae hacia adelante, a la pasión. El amor empieza a despertarse.

El ímpetu por la canción tiene su origen en el espíritu interior, no en la música exterior. Algo vivo en medio de la congregación está luchando por llegar a tener una expresión externa. El amor de Dios está impregnando el espíritu y el alma humana (Romanos 5: 5) y comienza a surgir en un fluir auto-regenerativo de adoración sincera hacia el Amante de nuestra alma (Juan 7:38).

Cuando un servicio de canciones hace la transición y se convierte en un servicio de adoración, hay un movimiento colectivo de nuestra mente a nuestro corazón. Algo orgánico comienza a pasar. De repente, el tiempo de adoración empieza a fundirse y a tomar la forma de una entidad que vive, respira, crece y fluye. Pulsa con su propia sinergia y vitalidad. Lleva su único ímpetu que avanza por las aguas burbujeantes del Espíritu Santo. Una vez que obtiene una presión de vapor, encuentra una vida propia. Se convierte en una danza santa de afecto íntimo que nadie quiere aplastar prematuramente para no ser culpables de tocar el arca de Dios (ver la historia de Uza en 2 Samuel 6:1-10). Merece la dignidad de llegar a una expresión madura y luego encontrar su propia finalización.

Una historia

En una ocasión, fui invitado a hablar en una conferencia de adoración en la que también estaba entre los ministros invitados un autor de canciones y líder de adoración conocido internacionalmente. Estaba entusiasmado por la oportunidad de oír a este hermano en persona. Iba a conducir todo el evento de adoración, y yo tenía muchas ansias de que llegara la reunión. Este hermano tiene una unción increíble al componer sus canciones, sus canciones se cantan en todo el mundo y es evidente que tiene una conexión de adoración viviente en su corazón con el Señor. No podía esperar para probarlo en persona.

Cuando se inició la reunión, ¡el querido hermano nos condujo a un servicio de canciones! Había tomado un puñado de las canciones que había escrito, las había puesto en determinado orden y prosiguió avanzando por la lista de sus propias canciones originales. No me cabe ninguna duda de que cuando escribió las canciones, fueron escritas en el fluir del río de Dios. Pero en ese momento, mientras avanzábamos una después de la otra, no hallábamos el río. Estábamos en un buen servicio de canciones, a la antigua.

Me pareció que él no había hecho la transición. Sabía qué era ingresar a un lugar secreto con Dios, ingresar a la matriz de la adoración y permitir que los impulsos procreativos de la verdadera adoración agitaran su corazón y produjeran expresiones genuinas de adoración. ¡Sus canciones estaban equipando a la iglesia internacional! Pero cuando subió a la plataforma, en lugar de encontrar ese mismo lugar de gestación e incubación y relación de amor con el Señor Jesús, solo hizo que se cantaran las canciones que había escrito.

Dios nos libera de los servicios de canciones. Mientras la Novia de Cristo se reúne para dar su amor a su Señor, ojalá que nunca acepte nada menos que la realidad viviente de una conexión de amor vibrante con Jesús.

Capítulo Siete

Tejer un glorioso tapiz

Así que ahora, déjame hacerte una pregunta. ¿Por qué mejor no me quedo en casa cuando la iglesia se reúne, coloco un CD de adoración y adoro al Señor privadamente en mi hogar? Después de todo, hay algunos CD de adoración muy buenos actualmente y puedo obtener mejor calidad de mi reproductor de CD que cuando voy a la iglesia. ¿Entonces, para qué ir a la iglesia? ¿Por qué no quedarme en casa y adorar con el CD?

Esta es una razón: Los CD siguen líneas rectas. Los CD hacen sonar una canción después de otra, bum, bum, bum. Nunca encontrarás el río con tu reproductor de CD. Puede que seas un poco bendecido, pero no nadarás en las aguas del río de Ezequiel 47. Para encontrar el río tienes que ir más allá del movimiento lineal del CD e ingresar a las aguas fluyentes, creativas, de la adoración congregacional.

El síndrome del CD

Los niveles de habilidad musical en el cuerpo de Cristo han mejorado dramáticamente en los últimos veinticinco años. Si estuvieras por alquilar una máquina del tiempo y viajar a un servicio de adoración promedio en Estados Unidos hace veinte ó veinticinco años, experimentarías un impacto cultural. Los niveles de habilidad musical fueron un grito lejano de dónde están hoy día. ¿A qué se debe esta aceleración fenomenal en las expresiones musicales de la iglesia de los años recientes?

La respuesta, estoy convencido, es Integrity´s Hosanna Music. Y Vineyard Music. Y Maranatha! Music. Y Hillsong. Y Worship Together. Y una cantidad de otras compañías productoras de CD´s de adoración.

Esto es lo que sucedió. La gente encendía sus CD en el auto camino a la iglesia, y todo el coche se movía de lado a lado mientras los pasajeros bailaban con la música y participaban del gozo de una excelente grabación. Luego, iban a al iglesia y se deprimían por el lío disfuncional que se producía en la plataforma. Más tarde, volvían a sus automóviles y bailaban todo el camino de regreso a sus casas.

Los líderes de adoración recibieron un brusco llamado a despertar. «Hey», finalmente se dieron cuenta, «¡estamos compitiendo con un CD!». Así que alguien dijo: «Tal vez deberíamos practicar». Los ministerios de adoración de nuestro país comenzaron a practicar solo para salvar la imagen ante la gente. El Señor los honró y el nivel de habilidad musical en la mayoría de las iglesias comenzó a superarse enormemente. Al poco tiempo, muchos equipos de adoración pudieron acortar la distancia con los CD que estaban saliendo.

Pero ahora tenemos otro problema en la iglesia, uno al que denomino «El síndrome del CD». ¡La calidad de la adoración es tan pulida y agradable en muchas de nuestras iglesias que uno podría verdaderamente grabar la adoración del domingo por la mañana y vender los CD! Las introducciones son precisas, las modulaciones son suaves, las armonías son impecables, la musicalidad no tiene defectos, las transiciones son impresionantes y los finales son una obra de arte.

Solo hay un problema. Yo no voy a la iglesia para escuchar música de calidad de CD. Si quisiera hacerlo me quedaría en casa y escucharía un CD. Voy a la iglesia para buscar algo totalmente diferente. Voy a la casa de Dios porque quiero ingresar a la danza divina, a un intercambio de amor y aliento, vida y dinamismo entre el Novio y la Novia. ¡Voy a la casa de oración porque quiero el río!

Nos reunimos con el pueblo de Dios porque no queremos perdernos las glorias del río de Dios. Nunca sabemos cuándo nos toparemos con el río, así que seguiremos yendo semana tras semana, probando y arriesgándonos a la desilusión. «Hoy no. Ah, bueno. Tal vez la próxima vez». Así que seguimos regresando al lugar de la adoración congregacional, esperando que suceda. Esperando tocar un poco del cielo en la tierra. Esperando encontrar el río. Evitamos estar ausentes porque no queremos ser como el apóstol Tomás en el Día de la Resurrección: Jesús se apareció en la reunión, pero él estaba demasiado ocupado o distraído para estar allí. ¡Cuando Jesús aparece yo quiero estar allí! Así que me arriesgaré a mil desilusiones, de ser necesario, para estar presente cuando la gloria de Dios aparezca en medio de su pueblo.

El tapiz de la adoración

Cada evento de adoración congregacional es un intercambio de amor único, nunca visto antes en la historia del planeta, y nunca se volverá a ver un intercambio de amor tal con nuestro Amado. ¿Por qué? Porque nunca antes, en la historia del mundo, este grupo específico de gente se ha reunido de esta forma, con todas sus mentalidades, actitudes y los atavíos emocionales de sus asuntos actuales de la vida. Así que cuando nos expresamos juntos ante el trono de Dios, la naturaleza y los temas de nuestra expresión serán diferentes de cualquier otro servicio de adoración que se haya producido jamás. Cuando este grupo de santos toca el corazón de Dios, un tapiz de adoración comenzará a surgir que será totalmente único en su énfasis y sabor.

Cada servicio de adoración es como la formación de un nuevo tapiz. Juntos estamos formando algo que es único, vivo, inmediato y nuevo. Cuando comienza el servicio, nadie sabe cómo terminará el tapiz. Pero al ingresar al río de Dios, de la sinergia de la adoración congregacional comienza a surgir un tapiz de afecto que brilla y da luz con maravillosa belleza.

El énfasis, el tono y la dirección de cada servicio de adoración es totalmente singular. Si permitimos que el tiempo de adoración termine, saldremos con una conciencia clara de haber recibido su amor, habiéndole dado nuestro amor, y siendo facultados para salir al mundo con su gracia que habilita. Cuando se termina el tapiz de la adoración, todos salen con un entendimiento claro de lo que el Espíritu le está diciendo a la iglesia.

Para que el tapiz de la adoración congregacional esté completo necesitamos los hilos de todos. Si consideramos que los hilos de algunas personas estarán ausentes debido a la pasividad, la experiencia de adoración congregacional no alcanzará su potencial plenitud.

- El líder de adoración debe contribuir con su hilo. Si el líder de adoración está demasiado encerrado en la lista de canciones, y se siente demasiado intimidado para salir del bote e ir al río de Dios, no se terminará el tapiz de la adoración.

- Los pastores y los ancianos deben prestar sus hilos. Si piensan: «Estoy fuera de servicio; es el turno del líder de adoración», no se estarían predisponiendo en el Espíritu para la contribución que podrían hacer sus hilos.

- Necesitamos los hilos de los cantantes del equipo de adoración. Si se dicen a sí mismos: «No tengo una unción profética en mi vida, así que solo voy a cantar las canciones como han sido escritas», perderemos lo que podría haber sido. Escúchenme, cantantes de la casa de Dios: ¡Tienen una unción profética! Estén o no cómodos con ella, Dios los ha llamado para profetizar en canciones en los tribunales del Señor (1 Samuel 10:5-6). Si las inseguridades de tu carne están ganando, entonces arrepiéntete, saca tu hilo y teje tu parte del tapiz.

- Los músicos proféticos tienen un hilo para tejer. «Pero no soy profético», se queja un músico. Lo lamento, es demasiado tarde. Dios ya te ha ungido para tocar tu instrumento bajo una unción profética (1 Crónicas 25:1). Con el llamado vino la gracia para cumplir con ese llamado. Los cantantes y músicos proféticos tienen con frecuencia que enfrentar una opción: estar seguros y permanecer en las superficialidades de sus zonas de comodidad o lanzarse a la unción profética que nos lleva al río. Si se quedan atrás, nos roban lo que podría haber sido.

- Y por último pero no por ello menos importante, la congregación tiene la mayor contribución que hacer al tapiz. Cada santo tiene su propio hilo. Si algún creyente no está participando o está replegado, se extrañarán mucho sus hilos, y nunca ingresaremos en la plena realidad que podríamos haber experimentado en el río de Dios. ¡Para que el tapiz esté completo, necesitamos los hilos de todos!

Debido a esta dinámica, los líderes de adoración de hoy día muestran un perfil personal más bajo y una mano más abierta que sus predecesores. Se dan cuenta de que deben brindar rampas para que otras personas realicen sus aportes al servicio de adoración, lo que en general se logra con breves momentos de pausa en su liderazgo del servicio de adoración. Al mostrar un perfil más bajo, los líderes de adoración permiten que el Espíritu Santo traiga impulso a la reunión a través de otros miembros de la congregación o equipo de adoración sobre los cuales él se está moviendo.

La adoración congregacional es mucho más que la música de calidad de un CD. Es un intercambio de aliento de amor con el Novio en el que cada miembro aporta su parte. Cuando Jesús contribuye con su parte, entonces la adoración se vuelve un encuentro explosivo con un Dios santo. Ante nosotros está el potencial de tener una reunión tan clara y atractiva con Dios que recordaremos vívidamente durante años: El énfasis del tapiz grabado claramente en nuestra mente y nuestro corazón facultados para responder con mayor libertad y plenitud a él en obediencia y amor.

No estaremos satisfechos hasta que nuestros momentos de adoración congregacional se conviertan en tapices inolvidables que se tejan en la fluidez impredecible del río del Espíritu Santo.

Capítulo Ocho

Guerras de adoración

Hoy día hay una guerra civil sobre la adoración en la iglesia. Tal vez no haya ninguna área del ministerio en la iglesia que reciba más quejas y tenga más controversia que el ministerio de la adoración. Si un grupo está contento, puede estar seguro de que otro grupo no lo está.

Para fines de aclaración, la guerra no es entre los pentecostales y los bautistas, ni entre los wesleyanos y los presbiterianos, ni entre los órganos y las guitarras, ni entre música rock y música country. ¿Quiere saber dónde se libran estas batallas? La guerra es entre las canciones antiguas y las nuevas.

La belleza de lo antiguo

La canción antigua es vital para la verdadera adoración, llevando con ella algunas calidades tremendas como:

- Estabilidad: La canción antigua ha demostrado su capacidad de soportar la erosión del tiempo y tolerar el furor de las tormentas.
- Continuidad: La canción antigua permite que tres generaciones se reúnan para glorificar a Dios en una sola voz.
- Vocabulario: La canción antigua ha demostrado su capacidad de articular verdades preciosas de la fe.
- Historicidad: La canción antigua nos arraiga al rico legado de nuestros antepasados, conectándonos con nuestra identidad

congregacional como la iglesia de Dios multi-generacional.

- Ortodoxia: La canción antigua nos da lenguaje para celebrar los credos y teologías demostradas de la iglesia.

- Seguridad: La canción antigua brinda seguridad y consuelo, en gran medida porque es conocida.

- Satisfacción: La canción antigua sacia tanto el alma del que una vez ha tenido la antigua, que no quiere la nueva, puesto que dice: «La antigua es mejor» (ver Lucas 5:39).

El papel de lo nuevo y lo antiguo

La vieja canción juega un papel crucial en la vida de adoración de la iglesia, y sin embargo, cuando todo lo que tenemos es la vieja, nuestra tendencia es replegarnos y no pelear por las cosas nuevas que Dios siempre está haciendo en la tierra (Isaías 43:19).

Cuando nos hacemos a la idea de que nos gustan solo las canciones antiguas disfrutamos de todos los beneficios antedichos, pero hay una dimensión que falta. Hay una cosa que tiene la canción nueva que generalmente le falta a la antigua: Poder. La canción nueva brinda poder. Es posible ocasionalmente tener un servicio de adoración poderoso con una sola canción, pero esto es la excepción. En la gran mayoría de los casos, el poder no sofocante de la adoración está aprovechado y fluye en la canción nueva.

Hay una «unción de ruptura» que a veces tiene la nueva canción. Miqueas 2:13 describe la unción de ruptura, que es una gracia del cielo para derribar barreras y mover al pueblo de Dios a la siguiente dimensión de la vida en el reino. Si bien no toda canción nueva siempre tendrá esa cualidad de derribar barreras, las posibilidades de hallar ese tipo de ruptura son más elevadas cuando se pasa a una canción nueva.

O, para usar el lenguaje de Efesios 5:19, los salmos y los himnos pueden juntar a todos y llevarlos al río, pero son las canciones espirituales (las canciones nuevas) las que los llevarán a sus profundidades para nadar.

No estoy diciendo que la canción nueva siempre sea poderosa. He estado en muchas reuniones de adoración donde se cantaron muchas canciones nuevas y no había ningún poder en la reunión. La canción nueva tiene tanto potencial para no tener efecto como lo tiene la antigua. Sin embargo, cuando el Espíritu está dando su aliento sobre nuestra adoración, es la canción nueva la que tiene la capacidad de transformar el paisaje espiritual.

Del lado positivo, el poder de la adoración está en la canción nueva. Del lado negativo, la canción nueva con frecuencia parece volátil, impredecible, estridente y que interrumpe. Como el vino nuevo, fomenta una energía que puede ser explosiva e inquietante para quienes desean poder predecir cada movimiento con antelación.

Evidentemente hay compensaciones. En algún punto debemos decidir si estamos dispuestos a poner en riesgo la naturaleza volátil de la canción nueva para gozar de sus beneficios. Si tenemos el valor de navegar por los baches, la canción nueva tiene el poder de catapultarnos hacia adelante a nuestro destino en Dios.

¿Qué es la «canción nueva»?

Cuando hablo de la «canción nueva», estoy pensando en dos categorías principales:

- Una canción que sea nueva para nuestra iglesia. Cuando se introduce por primera vez una canción en nuestra comunidad de adoración, es una canción nueva para nosotros, independientemente de cuándo fue escrita. La canción puede tener cien años, pero si nunca la escuchamos ni la cantamos, es nueva en nuestro libro. Un tipo de canción nueva que es especialmente adecuada es una canción que acaba de ser compuesta por un miembro de la congregación. Tal vez alguien de la casa pueda capturar con precisión lo que el Espíritu Santo ha estado diciendo para nuestra comunión en los últimos días, y expresar esa creatividad del tema a través de una nueva composición.

- Una canción que nunca se ha cantado antes. Aquí es cuando la canción nueva realmente se vuelve interesante. Cuando el río de Dios comienza a fluir en una reunión, y los adoradores se ven atrapados en la gloria y la frescura de las aguas vivientes, algo comienza a suceder dentro del corazón de los adoradores. Comienzan a tener una canción nueva que surge desde adentro, que ruega por su expresión. Valoramos las letras que nos dan quienes escriben las canciones, pero cuando estamos en el río, nuestra adoración supera las orillas de las letras escritas previamente y de los himnos publicados. De repente nos encontramos deseando expresar una canción del momento, una canción que proviene directamente desde el corazón de un adorador enamorado. Probablemente no rime, y tal vez no tenga una buena métrica, pero es fresca, apasionada y viva. Nunca la cantamos así anteriormente y probablemente nunca la volvamos a cantar de esa manera, porque es una canción de «ahora» que expresa nuestro grito del corazón inmediato. ¡Y es poderosa!

En Romanos 7:6, Pablo habla del «nuevo poder que nos da el Espíritu», que contrasta con «el antiguo mandamiento escrito». Lo que quiere decir es que el Espíritu es siempre nuevo. Si el Espíritu de Dios es activo, siempre hay algo nuevo que se mueve. Así que, cuando el Espíritu Santo se apodera de nuestra adoración, él está siempre generando nuevas canciones en el corazón de los creyentes. La adoración conducida por el Espíritu tendrá una «novedad». (Si no tienes novedades en tu adoración, enfurécete.) Cuando te topes con el río no podrás evitarlo: Una canción nueva fluirá automáticamente.

Lo nuevo y lo viejo en el cielo

En el cielo están cantando tanto la canción nueva como la antigua. Apocalipsis 15:3 nos dice que están cantando el himno de Moisés en el cielo; bueno, esa canción tiene algunos miles de años de antigüedad. Pero hay una canción todavía más antigua en el cielo. Está registrada en Apocalipsis 4:8: «Santo, santo, santo es el Señor

Dios Todopoderoso, el que era y que es y que ha de venir». Esa canción es más antigua que las colinas. Ha sido cantada alrededor del trono de Dios durante muchos millones de años. Así que en el cielo valoraron la canción antigua.

Pero también cantan la canción nueva en el cielo.

> «Cuando lo tomó, los cuatro seres vivientes y los veinticuatro ancianos se postraron delante del Cordero. Cada uno tenía un arpa y copas de oro llenas de incienso, que son las oraciones del pueblo de Dios. Y entonaban este nuevo cántico: "Digno eres de recibir el rollo escrito y de romper sus sellos, porque fuiste sacrificado, y con tu sangre compraste para Dios gente de toda raza, lengua, pueblo y nación» (Apocalipsis 5:8-9).

Si están cantando canciones tanto viejas como nuevas en el río del cielo, y estamos orando porque la voluntad de Dios sea en la tierra como en el cielo, ¿no sería razonable llegar a la conclusión de que deberíamos cantar tanto canciones viejas como nuevas en la iglesia de Jesús aquí en la tierra? El líder de adoración sabio traerá de su depósito canciones nuevas y antiguas (ver Mateo 13:52).

La habilidad de hacer malabares con ambas

La canción vieja une a la gente en una expresión común y familiar que les permite fluir juntos en ímpetu como grupo. Cuando se canta una canción vieja, vea cómo se une la congregación.

Luego, cuando nos presentan una canción nueva, la dinámica cambia. Las personas dudan de algún modo porque no están seguras de adónde se dirige esta canción. Así que cuando se presenta por primera vez una canción nueva, puede tener el efecto inicial de parecer disipar el ímpetu de la reunión. Para unir de nuevo a todos, puede que sea necesario que una canción vieja le siga a una nueva. Pero una vez que la canción nueva «prende», tendrá un tipo de unción en ella que es más rica y más fuerte que la de la canción antigua.

Los líderes de adoración que se entusiasman al presentar la canción nueva cometen el error de dedicarle demasiado tiempo, y todo el ímpetu de la reunión puede sufrir como resultado de ello. Ellos aman lo nuevo, pero no siempre disciernen cuando la congregación está distraída y distante. Cuando esto sucede, ¿qué puede hacer un líder de adoración para que los que se han apartado mentalmente se vuelvan a sentir atraídos por lo que está sucediendo? Por lo general la mejor solución es volver a cantar una canción vieja.

Las reuniones de adoración que fluyen con el río de Dios por lo general son conducidas con sabiduría y experiencia por un líder que sabe cómo usar la canción vieja para atraer en cohesión a una sala llena y luego usar la canción nueva para liberar energía y poder. Pero cuando se disipa el nivel de energía, el líder sabe regresar a la canción vieja. Se sigue mejor al río alternando sabiamente la canción nueva y la vieja. Los líderes efectivos han aprendido la danza del equilibrio entre las dos.

La canción vieja reúne; la canción nueva impulsa. La canción vieja une tanto que podemos fluir juntos; la canción nueva tiene el poder de lanzarnos a aguas más profundas. En lugar de competir unas contra otras, maximicemos a ambas. Si lo hacemos, tendremos la mejor oportunidad de encontrar y seguir el río.

Capítulo Nueve

Muertos agradecidos

Cuando hablamos de que la adoración es una entidad orgánica que encuentra su propia energía en el dinamismo del río, o cuando hablamos de fluir con gracia entre la nueva y la antigua canción, viene a mi mente un ejemplo que espero sea útil. Quiero ilustrar esto desde las experiencias de una banda de rock no cristiana. Quédate conmigo, creo que considerarás que este ejemplo es muy esclarecedor.

Uno de los advenimientos más fascinantes de la época del rock and roll ha sido el legado poco común de una banda estadounidense llamada *The Gratful Dead* [Los muertos agradecidos]. La fuerza impulsora era el guitarrista Jerry García, quien conducía a la banda con sus innovadoras secuencias de cuerdas y su colorida armonía. El grupo salía de gira periódicamente desde fines de la década de 1960 hasta la muerte de García, en 1995.

La banda ejecutaba sus acostumbradas canciones durante sus conciertos pero luego, en algún momento, hacía un cambio. Apartándose de su repertorio preparado, se lanzaban a unos momentos de improvisación, encontraban una ranura que funcionaba musicalmente y luego comenzaban a trascender los límites. El baterista se metía en síncopas inusuales; las guitarras gemían y gritaban creativamente; el teclado luchaba por obtener color y disonancia. Juntos, llegaban al borde de perderse musicalmente entre sí, pero sin embargo seguían las iniciativas de improvisación de cada uno lo suficientemente cerca como para permanecer juntos. Y luego comenzaban a buscar «eso».

«Eso» era lo que sucedía a veces en medio de una de esas ejecuciones libres de improvisación. Ocasionalmente, la banda llegaba a una ola de ímpetu, una energía emocional se creaba en el auditorio, un poder se apoderaba tanto de los miembros de la banda como del público y el concierto llegaba a otra dimensión. Habían encontrado «eso».

Cuando sucedía esto –cualquier cosa que fuera– la sala de conciertos se convertía en un altar explosivo de encuentro espiritual. Todos en el lugar sabían que se había cruzado una línea, que se había hecho la transición, y ahora la noche se convertía en una celebración pulsante de conexión con una conciencia cósmica. No quedaba claro si conducía la banda o el público, mientras el concierto se convertía en una danza participativa que incluía a todos los que estaban presentes. Era espíritu y era palpablemente real.

La atmósfera espiritual que llenaba los conciertos era tan poderosamente apremiante, de hecho, que muchos aficionados se convirtieron en seguidores espirituales, convirtiendo en realidad a *The Gratful Dead* en su religión. Se llamaban a sí mismos Cabezas Muertas. García era visto por muchos como su líder espiritual y llegó a ser llamado «el padrino», un término que le desagradaba íntimamente. Los aficionados se metían en sus camionetas Volkswagen y seguían a la banda de ciudad en ciudad, reservando su lugar en un concierto detrás de otro. Si no sucedía en un concierto –es decir, si no cruzaban el umbral espiritual– entonces simplemente levantaban sus cosas y se iban al siguiente, sabiendo que a la larga sucedería de nuevo.

Una vez que se hacía la transición en un concierto, se apoderaba del lugar una energía espiritual. Era como si los miembros de la banda pudieran leer la mente de cada uno de ellos. Instintivamente sabían dónde iban los demás, qué canción se cantaría a continuación, o cuál iba a ser el siguiente acorde. El poder en el escenario era intoxicante mientras la banda sostenía en sus manos los corazones de miles de personas.

Un ex Cabeza Muerta me dijo que cuando el concierto iba in crescendo, la multitud abría sus bolsillos y comenzaba a compartir lo que tenían entre sí. Con mucha frecuencia esto tomaba la forma de una droga, pero permanece el hecho de que la generosidad se apoderaba de la multitud. También me dijeron que cuando el gentío finalmente abandonaba el estadio, salía en silencio salvo que balaban como ovejas.

Mi sorpresa personal

Cuando me enteré de lo que sucedía en esos conciertos, estaba totalmente fascinado. Al haber crecido en una familia cristiana, nunca fui a un concierto secular de ningún tipo en mis años de muchacho, mucho menos a un concierto de *The Gratful Dead*. Así que no tenía idea de lo que sucedía en tales eventos. Sabía lo que era estar en una reunión cristiana y que una unción santa se apoderara de un servicio de adoración, pero no tenía idea de que había una unción falsa que funcionaba en una forma similar en los conciertos seculares. Así que quería aprender más acerca de esta dinámica.

Un amigo mío solía tocar la guitarra en varias bandas durante sus años de juventud, antes de convertirse, y me dijo que todas las bandas de la época admiraban a *The Gratful Dead* como un ejemplo a seguir. Todos trataban de encontrar el mismo tipo de deleite de improvisación e ímpetu espiritual, pero nunca podían alcanzar, por algún motivo, el mismo nivel.

Ahora bien, tengo una confesión para hacer. No estoy orgulloso de esto, pero es la verdad. Realmente me sucedió. Allá por la década de 1970, cuando estaba atravesando algunos de mis años de crisis adolescente, pasé por un período de cinco años en el que sintonizaba regularmente la radio para escuchar los cuarenta temas más taquilleros del momento. ¡Ay, ya salió afuera la verdad! Así que si la canción fue un éxito en la década de 1970, probablemente la conozca.

Por lo tanto, cuando me cuentan la historia de *The Gratful Dead*, recuerdo el rock and roll de la década de 1970. «*The Gratful Dead... The Gratful Dead...* déjenme pensar. ¿Qué canción pasaban en la radio de *The Gratful Dead*?». Y no se me ocurrió ninguno de los cuarenta éxitos más taquilleros cantados por ellos.

Ahí fue cuando me dijeron: «*The Gratful Dead* no tuvo ningún éxito». Aparentemente no tenían álbumes ni discos sencillos de éxito. El poder de la banda no estaba en su capacidad de producir éxitos sino en el poder de sus conciertos en vivo. (Imagina mi sorpresa al enterarme que era la banda de rock and roll número uno sin siquiera un álbum de éxitos.)

Por ese motivo, hay una industria activa de Internet, hasta el presente, de aficionados que venden o truecan grabaciones de conciertos que tienen treinta y cinco años o más. La banda tenía la política de permitirles a los aficionados llevar grabadores de cinta portátiles a los conciertos, así que como resultado de ello hay una hueste de grabaciones caseras que aún se siguen duplicando y vendiendo entre los fanáticos de todo el mundo. *The Gratful Dead* produjeron algunas grabaciones en estudio, pero eso no es básicamente lo que quieren los aficionados. La mayor demanda permanece en las grabaciones de baja fidelidad, caseras, que tienen el ambiente espontáneo de los conciertos en vivo.

El otro río

Un motivo por el que estaba fascinado por estos relatos de sus conciertos era porque no tenía idea, al haber crecido en mi mundo cristiano, que había un río que no era santo. Sabía que había un río sagrado de Dios que debía encontrarse en la adoración, pero no tenía idea que Satanás, el maestro de la imitación, había ideado una forma de aprovechar el poder de la música para barrer los corazones de los que no disciernen un río que conduce a la muerte.

Cuando este río comenzó a apoderarse de los conciertos, Mickey Hart (uno de los miembros de la banda) acuñó un término para describir lo que estaba sucediendo. él diría: «Es cuando aparece el séptimo hombre». Así que les pregunté a mis amigos qué quería decir con ese término. Aparentemente había seis personas en la banda en el momento en que forjó la frase. Estaba reconociendo que había un poder presente en el concierto que iba más allá de los miembros de la banda. Había una presencia espiritual que le daba a la banda un impacto que superaba la suma de las partes.

The Gratful Dead habían encontrado el río –el otro río– y lo usaba para promover sus propios intereses. Pero diré esto para su crédito: ellos descubrieron más de lo que Dios tenía intenciones de que conociéramos a través de la música que la mayoría de las iglesias de hoy día. Aquí es donde se aplica el dicho: «Me provocaron a celos con quien no es Dios como yo» (Deuteronomio 32:21). Nosotros, los que tenemos el derecho al gran río de Dios, permanecemos en la parte superficial de nuestras rígidas órdenes de servicio y nos perdemos el pleno propósito para el cual Dios creó la música.

El cuarto hombre

Mi objetivo en este capítulo no es el de hablar en específico de *The Gratful Dead.* Lo que quiero decir es que donde está la falsificación, es un testimonio de la existencia de lo genuino. Las experiencias de una banda secular solo sirven para fundamentar que hay una realidad que está disponible para nosotros en Dios, un río de gloria divina que puede tocarse en adoración congregacional.

Cuando ellos tocaron el río, lo describieron como «cuando aparece el séptimo hombre». Pero cuando tocamos nuestro río, yo prefiero llamarlo «cuando aparece el Cuarto hombre».

Me estoy refiriendo al momento en que Nabucodonosor arrojó a los tres esclavos hebreos a su horno ardiente, pero cuando miró las llamas, no solo vio a los tres hombres caminando, sino también a un Cuarto hombre en el fuego (lea Daniel 3). ¡Y el Cuarto se asemejaba al Hijo de Dios, porque era él quien era!

Hay un río en llamas para ser encontrado en Dios, y cuando lo hallamos, es un infierno ardiente en el que el Cuarto Hombre, Jesucristo, se revela a sí mismo. En este fuego se queman los lazos de esclavitud. (Se queman las sogas que atan las muñecas de los hombres hebreos.) En este fuego hay manifestaciones de la gloria de Dios. Hay sanidades y milagros; hay un poder que libera de las cadenas demoníacas; hay una unción santa que hace que los no creyentes caigan postrados con su rostro en convicción, para confesar sus pecados, y para abandonar la reunión diciendo: «Si van a ese lugar, ¡encontrarán a Dios!» (1 Corintios 14:25).

¡Oh, Dios, sigue dándonos esta agua para beber!

Capítulo Diez

Adoración del mar de cristal

Ahora déjame decirte lo que realmente quieres: Tú quieres la adoración del mar de cristal (Apocalipsis 4:6; 15:2). Tienes el cielo en tu corazón (Eclesiastés 3:11). No puedes evitar sentirlo; este deseo ha sido infundido en tu alma por Dios. Ansías estar de pie en el gran mar de cristal, en gloria, mirando al trono de Dios Todopoderoso. Su fuego fluyendo en tu espíritu, encendiéndote con pasiones del tamaño de Dios por el rostro de Jesucristo, tu amor fluyendo ahora hacia él en gratitud y algarabía. Para esto fuiste creado. Nada menos te satisfacerá plenamente jamás.

Cuando Juan vio la adoración del mar de cristal, esta fue su descripción:

> «Después de esto miré, y apareció una multitud tomada de todas las naciones, tribus, pueblos y lenguas; era tan grande que nadie podía contarla. Estaban de pie delante del trono y del Cordero, vestidos de túnicas blancas y con ramas de palma en la mano. Gritaban a gran voz: "¡La salvación viene de nuestro Dios, que está sentado en el trono, y del Cordero!"» (Apocalipsis 7:9-10).

Advierte primero que todo, que Juan vio una *gran multitud*. La adoración del cielo es impulsada por una multitud. En contraste, la adoración contemporánea en la tierra suele ser dirigida desde una plataforma. Así que la plenitud de la adoración celestial se mantiene en firme en contraste con nuestros típicos servicios de adoración.

A veces me pregunto qué hubiera escrito Juan si hubiera sido transportado en el Espíritu a uno de nuestros servicios de adoración, en lugar de al servicio de adoración del cielo. Las diferencias al menos hubieran sido ocurrentes.

> «Y yo, Juan, observé una plataforma. Y sobre la plataforma, un micrófono. Y en el micrófono, un líder. Y un poco detrás del líder había cuatro cantantes, cada uno con un micrófono. Y el micrófono del líder era más fuerte que el de ellos. Y también vi un teclado. Y guitarras. Y una batería. Y parlantes. Y el sonido que venía de la plataforma era tan poderoso que uno no podía decir si alguien estaba cantando».

Por favor, comprende que aunque estoy tratando de que nos riamos de nosotros mismos un poco, no estoy criticando la adoración contemporánea. Sé que estamos haciendo lo mejor que sabemos hacer. Lo que quiero hacer es simplemente resaltar una de las diferencias primarias entre la adoración del cielo y nuestra adoración hoy día. La adoración del cielo está impulsada por multitudes; nuestra adoración está impulsada por una plataforma. Para ser exitosa, la adoración contemporánea se apoya mucho en el papel de los líderes y de los músicos para llevarnos del inicio al fin.

Cuando uno observa las escenas celestiales de Apocalipsis, advierte que hay una cosa curiosamente ausente de la adoración celestial: ¡Un líder de adoración! Esto se debe a que ellos no necesitan un líder de adoración en el cielo. No necesitan que alguien diga: «Levanten las manos» o «Quiero oírlos cantar» o «Adoren al Señor con todo su ser». Porque cuando estás parado en el mar de cristal, y el río de fuego se derrama en tu espíritu, no necesitas que alguien te recuerde que sigas participando en la adoración del Señor; simplemente ¡participas! Tienes un río que sale como manantial desde adentro; estás observando el trono y el rostro mismo de Dios; olas de gloria emanan del trono y encienden tu corazón, y estás rodeado por personas ardientes. Nunca te has sentido tan vivo en toda tu vida. ¡Estás bebiendo de la vida eterna! Finalmente ha llegado al servicio de adoración donde no necesitas que nadie te guíe para adorar. Eso se debe a que el río es el líder de la adoración.

El gran obstáculo

Si vamos a experimentar la adoración del mar de cristal –la adoración en la tierra como es en el cielo– hay un gran obstáculo que debe superarse y transformarse. No es que sea el único obstáculo, de ninguna manera, pero a mi juicio es el más importante. El obstáculo más poderoso para experimentar la adoración celestial hoy día es la pasividad general característica de nuestra congregación.

Por favor, no me malinterpretes: No estoy enojado con nadie. Simplemente estoy tratando de traer a la luz los temas para que podamos tratarlos abiertamente y avanzar hacia lo mejor de Dios.

Me he hecho a mí mismo la pregunta: «¿Por qué la mayoría de las congregaciones son pasivas en su participación en la adoración, y miran a la plataforma para que desde allí se les brinde la dirección y el ímpetu para adorar?» La respuesta probablemente sea compleja y variada, lo siguiente es solo un muestreo de las múltiples razones:

- Para muchos, el tema está en la timidez. No es que ellos quieran ser rebeldes y resistentes al fluir del Espíritu en la adoración. En cambio, son como palomas que se ocultan por temor o incertidumbre. Por eso nuestro Amado con tanta frecuencia se dirige a nosotros: «Paloma mía, que te escondes en las grietas de las rocas, en las hendiduras de las montañas, muéstrame tu rostro, déjame oír tu voz; pues tu voz es placentera y hermoso tu semblante» (Cantares 2:14). él desea asegurarnos que podemos elevar nuestros rostros y voces con valentía en su presencia porque se nos ha dado el derecho a ser hijos de Dios (Juan 1:12).

- Algunos adoradores vienen a la reunión con corazones espiritualmente fríos y algo desconectados de Dios. Quieren conectarse con Dios y entrar al río, pero confían en el ministerio de la plataforma para ayudarlos a llegar allí.

- Algunos adoradores participan en la adoración en proporción directa a cómo disfrutan del estilo de liderazgo sobre la plataforma. Si les gusta la forma en que está conduciendo el equipo de adoración, participarán; si no disfrutan del estilo de liderazgo, se replegarán instintivamente.

- Puesto que la adoración de casi todas nuestras iglesias es impulsada por el uso de una plataforma, muchos creyentes nunca siquiera se han detenido a cuestionar nuestra metodología. Simplemente aceptan el hecho de que es el trabajo del equipo de adoración intentar hacer que la gente se abra. Una preferencia estilística se ha convertido en una norma cultural.

- En muchas iglesias, la acústica y la arquitectura del edificio han sido estratégicamente diseñados para que la plataforma proporcione liderazgo y que la multitud la siga.

- Las personas quieren conducirse de una manera ordenada en la iglesia, así que se deslizan obedientemente como una forma de responder en mansedumbre a las directivas que vienen de la plataforma.

Muchos creyentes nunca han capturado una visión para discutir por algo más que un paradigma en el que los pocos que están en la plataforma participan plenamente y son proactivos, mientras que los muchos que están en la congregación se despliegan en un amplio espectro que va del celo al estupor. Si no consigo otra cosa con este libro, por lo menos tengo la intención de poner una visión frente a ti que diga: «¡Hay algo más!»

La gran multitud

En el mar de cristal, la gran multitud está ciento por ciento participando activamente en la adoración. No hay necesidad de que alguien los exhorte a despertarse porque hay un río de fuego que fluye dentro de su corazón por el poder del Espíritu Santo, haciendo que cada miembro de la Novia de Cristo brote con emociones exorbitantes por el amado Novio. En el mar de cristal, la gran multitud es dueña de la adoración. Nada puede extinguir su llama.

Para obtener la misma dinámica en nuestros servicios de adoración, las congregaciones deben llegar a su identidad como «la gran multitud». ¡Eso es lo que somos! Estamos de pie en el mar de cristal, ¡realmente lo estamos! No podemos verlo de la misma forma en que lo veremos algún día; pero si se retirara el velo de nuestros ojos, nos sorprendería el hecho de darnos cuenta de que estamos de pie sobre el mar de cristal aun ahora en nuestras congregaciones, con nuestros ojos en el trono y nuestro corazón encendido por el fuego que fluye del trono de Dios. La única diferencia entre ese entonces y ahora es que todavía vivimos con el velo sobre nuestros ojos. Pero aun cuando no podamos verlo, no cambia el hecho de que estamos de pie ante el trono de Dios ahora mismo, debido a la preciosa sangre de Cristo, y nos encendemos ante el trono de Dios con pasiones y emociones concedidas por él.

¡Somos la gran multitud! ¡Estamos de pie ante Dios! ¡Estamos encendidos con fuego celestial! ¡No necesitamos a un líder de adoración para comenzar ni a un equipo de adoración para que dirija cada una de nuestras palabras, porque nosotros somos los que estamos encendidos y vivimos en la misma presencia de un Dios ardiente! Esto es lo que somos y esto es lo que hacemos.

Esta es la hora en la que la Iglesia de Jesucristo en toda la tierra está recuperando su identidad como la gran multitud.

Esperando ser empujados

Algunos adoradores son como dispensadores de jabón. Estoy pensando en el tipo de dispensadores que se encuentran con frecuencia en los establecimientos públicos, donde uno aprieta el botón y de allí sale un poco de jabón para manos. De una manera similar, algunos adoradores actúan como dispensadores de adoración. Si los aprietan, dispensarán un chorro de adoración.

Así que algunos líderes de adoración se han resignado al destino de tener que apretar continuamente a la gente para hacerlos adorar. Cada vez que se los aprieta, uno puede imaginarse que obtiene una respuesta que va de cero a seis segundos.

«¿Dijo algo? ¡No puedo oírlo desde allí afuera!»

«¡Levante sus manos y busque a Jesús!»

«¡Si es salvo y lo sabe, quiero escucharlo!»

Las personas han aprendido a responder ante la señal. Cuando se las aprieta, responden durante unos pocos segundos, y luego regresan a los niveles anteriores de pasividad. Un líder de adoración entusiasta puede hacer que una congregación obediente haga casi todo durante seis segundos.

Cuando los líderes nos presionan para que adoremos, no están desafiando nuestra masculinidad, ni nuestra feminidad. Están desafiando nuestra calidad de multitud. Ha llegado el momento de ser despertados a ser quienes somos. «Despiértate, tú que duermes, levántate de entre los muertos, y te alumbrará Cristo» (Efesios 5:14). ¡Somos la gran multitud! ¡Estamos de pie en el mar de cristal! Tenemos un río de fuego que atraviesa nuestro ser. ¡Ha llegado el momento de que nos pongamos de pie y seamos contados!

Es totalmente injusto que dejemos en los líderes de adoración el peso de hacer que nosotros adoremos a Dios. Es imposible que los líderes enciendan en nuestro corazón lo que se necesite para que adoremos. No pueden elevar nuestro corazón; no pueden refrescar nuestra alma; no pueden satisfacer nuestra sed; no pueden abrir la puerta de nuestro corazón; no pueden calentar nuestro espíritu. Su misión es brindar dirección para la reunión, traer orden y cohesión, y proporcionar la mejor oportunidad posible para que nosotros adoremos. Pero la clave de la adoración está en la puerta de cada uno de nuestros corazones, y el que tiene la llave es el que dijo «tengo las llaves» (Apocalipsis 1:18), es decir, el que originó el río, Jesucristo.

No hallamos nuestra inspiración para adorar en los líderes de adoración, sino en el río.

Esto nos pertenece

Yo, también, soy un miembro de la gran multitud. Estoy contigo, siguiendo el liderazgo del ministerio de la plataforma, buscando ingresar contigo en lo mejor del cielo. Así que de un adorador a otro, permíteme hacerte una pregunta.

¿Por qué tenemos siempre que aceptar cuando ellos dicen que se terminó la canción?

Así es como los que arden se sienten a veces: «Puede que hayan terminado con la canción en la plataforma; continúen y vayan hasta el final, pero yo no he terminado con mi adoración. Como ven, tengo este río en llamas fluyendo a través de mi espíritu, y tengo una nueva canción brotando de mi corazón. Así que sigan adelante y cierren con su antigua canción, pero yo no puedo detenerme. Hay una canción nueva en mi boca y tengo que dejarla salir. Estoy tan enamorado de Jesús que mi corazón rebosa de agradecimiento y alabanza».

«Y no soy el único. Mi compañero de la izquierda, él también está en llamas. Y tiene una canción nueva que no puede retener. ¿Y la hermana a mi derecha? Bueno, ella también está ardiendo. De hecho, toda la fila está encendida ante el trono ahora. Como lo está la fila del otro lado del pasillo. Como lo está la fila detrás de la nuestra. ¡Estamos encendidos!»

La gran multitud se une, no para seguir encendida, sino porque está encendida. No nos reunimos porque queremos adorar, nos reunimos porque hemos estado adorando.

Así que la plataforma dice: "Pueden sentarse". ¡Y todos nos sentamos! ¿Qué hay con eso?

Espero que puedas detectar mi sentido del humor aquí. Alguien puede preguntarse: «Bob, ¿estás enseñando rebelión?» Bien, es una insurrección santa. No estoy defendiendo la rebelión contra los líderes designados por Dios en nuestro medio. Estoy enseñando rebelión contra esa lista de canciones.

Simplemente estoy desafiando la profunda pasividad en la que todos nos deslizamos con demasiada frecuencia, hasta que muchas congregaciones son algo más que personas que responden a todas las directivas que provienen de la plataforma. Siempre que nos mantengamos en ese paradigma, anhelaremos desde la distancia mientras que la plenitud del río pasa a nuestro lado.

Creo en seguir a los líderes espirituales. Pero es hora de que nuestros líderes arrojen el yugo de las expectativas según las cuales piensan que queremos seguir las líneas rectas del orden del servicio y de la lista de canciones. No queremos la lista, ¡queremos el río!

Cuando nos erigimos en nuestra identidad como la multitud

ante el trono, y en lugar de esperar que la plataforma nos presione, ardemos ante Dios con pasiones santas, déjame asegurarte esto: Los líderes y el equipo de adoración no sentirán como que nos estamos rebelando contra la autoridad. ¡Nada más lejos de ello! Este es el momento por el que hemos estado orando. Todas sus obras se han dirigido a esta sola cosa. Cuando encontramos nuestro lugar de adoración activa en el trono de Dios, nuestros líderes se emocionarán con el fluir poderoso del río con el que Dios nos está visitando en gracia.

Vivimos ante el trono durante toda la semana. Observamos su gloria durante toda la semana. Cuando nos reunimos para la adoración congregacional, es como calentar el horno siete veces más caliente. Mi fuego se une con tu fuego, y el celo que ambos tenemos por el rostro de Cristo realmente se mezcla y se difunde contagiosamente entre todos los miembros mientras ardemos juntos en adoración congregacional.

Cuando llegas encendido a la reunión, no te importa qué canción cantan, si es rápida o lenta, alta o baja, nueva o vieja, fuerte o suave. La canción no dictamina tu adoración; tu río de fuego interno dictamina tu adoración. Estás ardiendo con un celo santo, así que podrían cantar el «Cumpleaños feliz» que a ti no te importaría. No necesitas que te presionen porque estás parado en el río.

La voz de la multitud

> «Luego miré, y apareció el Cordero. Estaba de pie sobre el monte Sión, en compañía de ciento cuarenta y cuatro mil personas que llevaban escrito en la frente el nombre del Cordero y de su Padre. Oí un sonido que venía del cielo, como el estruendo de una catarata y el retumbar de un gran trueno. El sonido se parecía al de músicos que tañen sus arpas» (Apocalipsis 14:1-2).

Juan oye una gran voz del cielo «como el estruendo de una catarata y el retumbar de un gran trueno». ¿De quién es esa voz? ¿De Dios? No. De hecho, la voz de Dios suena como eso. Pero en este caso, la voz que oye Juan pertenece a los ciento cuarenta y cuatro mil. Es la voz de la gran multitud. ¡Es nuestra voz!

Cuando la multitud observa al Cordero, no puede evitarlo, su voz surge como truenos poderosos.

Ha llegado el momento para que la gran multitud encuentre su voz. Cuando la iglesia de Dios se reúne en su nombre, nosotros somos la gran multitud. Tenemos una voz como la de muchas aguas y como la de un fuerte trueno. Esa es nuestra voz, y ha llegado el momento de ejercerla.

La plataforma también tiene una voz bastante fuerte. Tienen micrófonos, parlantes, instrumentos, batería, cantantes, etc. Pero nosotros tenemos algo que ellos no tienen, tenemos una voz como la de muchas aguas y como fuertes truenos. Todo lo que debemos hacer es usarla.

He observado la voz de la plataforma (micrófonos, parlantes, etc.) y he observado nuestra voz. He hecho la comparación. Y esta es mi conclusión: Creo que podemos vencerlos.

«Muy bien, adelante, cierren la adoración, pero yo no he terminado aún. Tampoco nuestros amigos. Nosotros somos la gran multitud, estamos encendidos por la pasión de Dios, y vamos a cantar nuestra nueva canción a aquel que nos redimió por su sangre». Cuando la gran multitud encuentra su voz, la plataforma no tiene ninguna oportunidad.

La gran transición

He recurrido al humor para señalar algo, pero ahora déjame llegar a la conclusión. He intentado pintar una imagen para darte una visión de lo que podría ser. Pero quiero ser inequívocamente claro acerca de adónde me dirijo con esto. *Debe encontrarse una transición en la adoración congregacional que rara vez se descubre, pero que es muy gloriosa una vez que ingresamos a ella.* Encuentra esta transición y saborearás un poco más del cielo en la tierra.

Prácticamente todas las reuniones de adoración comienzan con el ministerio de la plataforma actuando como los iniciadores, y la congregación como los facilitadores. Esto es correcto y está bien. Para lanzar un servicio de adoración es necesario haber designado levitas que están preparados para iniciar el liderazgo de la experiencia de adoración. Usan canciones viejas para unirnos y canciones nuevas para hacernos avanzar en el río.

Sin embargo, casi todas las reuniones de adoración congregacional comienzan y terminan con la plataforma actuando como iniciadores y la congregación como facilitadores. En la mayoría de las reuniones, la transición nunca se da.

Hay una transición que se debe encontrar –hacia la cual se debe luchar, con la cual se debe contender– en la que la congregación se eleva a su identidad como la gran multitud, se adueña del servicio de adoración y se convierten en los iniciadores de la adoración. Cuando el momento de la adoración se transforma en el dominio de la gran multitud, entonces el ministerio de la plataforma se convierte en el facilitador de lo que está generando la multitud.

Cuando esta transición ocurre en la adoración congregacional, la dinámica es absolutamente poderosa y celestial. Nos apartamos de la preparación rígida de nuestra lista de canciones para ir hacia el río de Dios; una nueva canción comienza a surgir del corazón del pueblo de Dios; la multitud encuentra su voz y la eleva, como un trueno fuerte, para adueñarse de su lugar ante el trono de Dios y para iniciar su apasionada alabanza al Amante de su corazón. Los líderes de la adoración se convierten en los facilitadores de lo que está surgiendo desde la multitud, apoyándola y ayudándola a mantener el ímpetu; la gloria de Dios llena la casa de adoración; ahora estamos en profundidades para nadar donde suceden milagros y sanidades; un espíritu profético llena el lugar haciendo que se desnuden los corazones de los incrédulos, y ellos postran sus rostros, adorando al que está sentado en el trono.

«Ah, qué sabor anticipado de la gloria divina».

Capítulo Once

Una fijación con el Cordero

Pasemos ahora al siguiente versículo de Apocalipsis 14:

> «Y cantaban un himno nuevo delante del trono y delante de los cuatro seres vivientes y de los ancianos. Nadie podía aprender aquel himno, aparte de los ciento cuarenta y cuatro mil que habían sido rescatados de la tierra» (Apocalipsis 14:3).

Los santos están cantando una canción nueva ante el trono, y el texto dice que las cuatro criaturas vivientes y los ancianos no podían «aprender» la canción. Esto me intriga. ¿Por qué no pueden aprender la canción nueva? ¿Estaban ellos desafinando la canción nueva? No. En Apocalipsis 5:8-9 estaban los cuatro seres vivientes y los veinticuatro ancianos cantando una canción nueva. Pero ahora no pueden siquiera aprender esta nueva canción.

Esto me resulta extraño. Creo que sé cómo enseñarles la canción nueva. Colocamos las palabras en la pantalla, reproducimos la melodía varias veces en el teclado, se las cantamos un par de veces, luego se la hacemos cantar una y otra vez hasta que la aprenden. No debe ser tan difícil enseñarles la canción nueva.

Pero sin embargo las Escrituras insisten: Ni siquiera pueden aprender la canción.

Así que ahora hago la pregunta: «¿Por qué no?» ¿Qué tiene esta canción nueva que ellos nunca pueden aprenderla?

Voy a darle mi mejor respuesta. No hay forma de demostrar que estoy en lo correcto, pero esta es mi teoría al respecto. Las cuatro criaturas vivientes y los ancianos no pueden aprender la canción nueva de Apocalipsis 14:3 *porque no se ha ensayado para nada.*

Imagine esto: Miles de millones de creyentes reunidos alrededor del trono, ardiendo en el ardiente mar de cristal, mirando el rostro de Cristo, y dando forma juntos a una nueva canción, espontáneamente, en la ardiente pasión del momento. Imagine a dos mil millones de creyentes dándole forma a una canción juntos, creando simultáneamente la misma letra, la misma melodía, las mismas armonías y los mismos ritmos, como si la hubieran estado practicando durante semanas.

Hay una sola forma de conocer cuál será la siguiente palabra, o cuál será la próxima nota: *Uno tiene que estar en el río.* Los que no están en el río de los redimidos solo están parados y miran cómo se desenvuelve la acción ante ellos en total asombro. Quieren unirse, pero son totalmente incapaces de cantar esta canción. La canción fluye desde dentro mientras el pueblo redimido de Dios está en medio del río ardiente del Espíritu, una corriente cubre a la Novia para que ella pueda cantar su propia canción nueva a su Amado.

El río fluye hoy

Como ya he dicho antes, este río no es solo para la próxima era. Está disponible para nosotros hoy.

Este río fluyó en la entrada triunfal de Cristo. «Todos los discípulos se entusiasmaron y comenzaron a alabar a Dios por tantos milagros que habían visto» (Lucas 19:37). Nuevamente, no hubo ningún líder de alabanza en este evento, solo un mar de fondo de exuberante adoración de la gran multitud al ponerse de pie para alabar a nuestro Señor de acuerdo a su excelente grandeza. El ceño fruncido de los críticos no pudo quebrantar este fluir de celebración facultada por el cielo. La multitud había encontrado el río, y se conmovió toda una ciudad. ¡Bienaventurados sean los que conocen este gozoso sonido!

El río fluyó en el Aposento Alto, en el día de Pentecostés

(Hechos 2). Bañó los pies de los ciento veinte discípulos y los condujo a lo largo de un fluir ardiente al declarar las alabanzas de Dios. Los burladores se burlaron, pero no pudieron detener este río. Un espíritu profético cayó sobre Pedro cuando predicó desde este río, se revelaron los secretos del corazón de los hombres, y BUM, ¡tres mil almas fueron llevadas al reino y bautizadas en agua!

Este río sigue fluyendo hoy día. Eso es lo que vio Ezequiel cuando se le mostró el río. él vio este río fluyendo en su época, trayendo sanidad a las naciones y produciendo una gran cosecha de «peces» para la gloria de Dios. El río de fuego del trono de Dios sigue fluyendo hoy día, y su gloria está disponible para los que estén sedientos de él y lo ansíen.

El Cordero

¿Qué es lo que faculta y energiza este río de Apocalipsis 14? Veamos el pasaje nuevamente:

> «Luego miré, y apareció el Cordero. Estaba de pie sobre el monte Sión, en compañía de ciento cuarenta y cuatro mil personas que llevaban escrito en la frente el nombre del Cordero y de su Padre. Oí un sonido que venía del cielo, como el estruendo de una catarata y el retumbar de un gran trueno. El sonido se parecía al de músicos que tañen sus arpas. Y cantaban un himno nuevo delante del trono y delante de los cuatro seres vivientes y de los ancianos. Nadie podía aprender aquel himno, aparte de los ciento cuarenta y cuatro mil que habían sido rescatados de la tierra» (Apocalipsis 14:1-3).

El río encuentra su nacimiento en el Cordero de Dios. Mientras los redimidos observan al Cordero, su amor se despierta y se enciende, el río eleva sus corazones y la nueva canción explota desde dentro.

Es el Cordero el que nos da este río. Su costado horadado permite que su amor líquido sea derramado en nuestro corazón. Es nuestro amor por el Cordero de Dios el que le abre nuestro corazón a este río. Estamos enamorados del Cordero.

Esta Novia tiene una fijación con el Cordero. Todo lo que puede ver es el Cordero; solo puede pensar en el Cordero; todo lo que quiere hacer es estar con el Cordero. Está totalmente enamorada. Por lo cual el siguiente versículo dice: «Éstos se mantuvieron puros, sin contaminarse con ritos sexuales. Son los que siguen al Cordero por dondequiera que va» (Apocalipsis 14:4). Son fanáticos del Cordero. No se separarán —no pueden hacerlo—. él llevó los clavos de sus manos y pies, y ahora ella es enteramente suya. Para siempre.

La visión resumida

Entonces, ¿cuál es nuestra visión para la adoración congregacional? Aquí está de nuevo en un resumen final. Esto no es la adoración como esperamos que pudiera suceder; esto es la adoración como pasará absolutamente. Aquí en la tierra, en esta época, antes de que regrese Jesús.

- El pueblo de Dios se reúne para adorar a nuestro amado Salvador y Redentor. Los líderes de adoración nos llevan en una búsqueda apasionada por el río de Ezequiel 47, de la gloria de Dios.

- Una vez que nos topamos con el agua, los líderes usan sus listas y preparación como guías, pero el deseo es el de girar y fluir con el río mientras el Espíritu nos lleva en un viaje fluido dentro del corazón de Dios. Así que se dejan de lado las líneas rectas del orden del servicio a favor de encontrarse con Dios.

- Al avanzar desde la altura de los tobillos a la altura de las rodillas, hasta la de la cintura, algo orgánico y vivo comienza a unirse mientras nuestra adoración congregacional adquiere una identidad propia. Un tapiz de adoración surge mientras la Novia y el Novio alternan recíprocamente en la danza del romance divino.

- Al observar al hermoso Cordero de Dios, la vieja canción se une y cubre el corazón de los creyentes en un *in crescendo* de elevada adoración; pero luego comienza a aparecer una canción nueva, impulsándonos hacia adelante, a la frescura de las aguas más profundas.

- Comienza a desenvolverse una poderosa transición. Los santos de Dios se elevan en confianza en su identidad como la gran multitud, y comenzamos a emitir un sonido como de muchas aguas y como de un fuerte trueno, adueñándonos activamente del servicio de adoración. Una sinergia congregacional se apodera de la multitud mientras ahora nos convertimos en los iniciadores de la adoración, al tiempo que el equipo de adoración da un paso atrás a un papel de facilitador.

- Ahora estamos en aguas que no pueden ser cruzadas, aguas en las que debemos nadar. Es donde están los árboles de la sanidad. Ahora la gloria de Dios se manifiesta con sanidades y milagros, y la resurrección de los muertos explota en el medio.

- El Cuarto Hombre aparece en el fuego, quemando todo obstáculo que nos inhibe de expresarnos libremente en el horno ardiente del amor de Dios.

- Se libera un espíritu de profecía, revelando los secretos del corazón de los hombres. Los pecadores caen sobre sus rostros, dándole gloria a Dios y alejándose testificando: «¡Dios está en medio de esta gente!».

¡Ah, Santo Cordero de Dios, llévanos eternamente a esos manantiales de agua viviente!

> «Al que puede hacer muchísimo más que todo lo que podamos imaginarnos o pedir, por el poder que obra eficazmente en nosotros, ¡a él sea la gloria en la iglesia y en Cristo Jesús por todas las generaciones, por los siglos de los siglos! Amén» (Efesios 3:20-21).

Disfrute de otras publicaciones de Editorial Vida

Desde 1946, Editorial Vida es fiel amiga del pueblo hispano a través de la mejor literatura evangélica. Editorial Vida publica libros prácticos y de sólidas doctrinas que enriquecen el caudal de conocimiento de sus lectores.

Nuestras Biblias de Estudio poseen características que ayudan al lector a crecer en el conocimiento de las Sagradas Escrituras y a comprenderlas mejor. Vida Nueva es el más completo y actualizado plan de estudio de Escuela Dominical y el mejor recurso educativo en español. Además, nuestra serie de grabaciones de alabanzas y adoración, Vida Music renueva su espíritu y llena su alma de gratitud a Dios.

En las siguientes páginas se describen otras excelentes publicaciones producidas especialmente para usted. Adquiera productos de Editorial Vida en su librería cristiana más cercana.

Dedicados A La Excelencia

Una vida con propósito

Rick Warren, reconocido autor de *Una Iglesia con Propósito*, plantea ahora un nuevo reto al creyente que quiere alcanzar una vida victoriosa. La obra enfoca la edificación del individuo como parte integral del proceso formador del cuerpo de Cristo. Cada ser humano tiene algo que le inspira, motiva o impulsa a actuar a través de su existencia. Y eso es lo que usted podrá descubrir cuando lea las páginas de *Una vida con propósito*.

0-8297-3786-3

Nos agradaría recibir noticias suyas.
Por favor, envíe sus comentarios sobre este libro
a la dirección que aparece a continuación.
Muchas gracias.

Editorial Vida
7500 NW 25 Street, Suite 239
Miami, Florida 33122

Vidapub.sales@zondervan.com
http://www.editorialvida.com